O crime de omissão no recolhimento de contribuições sociais arrecadadas

Lei nº 8.212/91, art. 95, *d*

B197c Baltazar Junior, José Paulo
　　　　O crime de omissão no recolhimento de contribuições sociais arrecadadas: Lei nº 8.212/91, art. 95, d / José Paulo Baltazar Júnior. — Porto Alegre: Livraria do Advogado: ESMAFE, 2000.
　　　　245p.; 14x21cm.
　　　　ISBN 85-7348-132-3

　　　　1. Contribuição social. 2. Previdência social. 3. Seguridade social. I. Título.
　　　　　　　　　　　　　　CDU 368.4

　　　　Índices para catálogo sistemático:
　　　　Previdência social
　　　　Seguridade social
　　　　Contribuição social

(Bibliotecária responsável: Marta Roberto, CRB-10/652)

José Paulo Baltazar Junior

O crime de omissão no recolhimento de contribuições sociais arrecadadas

Lei nº 8.212/91, art. 95, *d*

livraria
DO ADVOGADO
editora

ESMAFE
ESCOLA SUPERIOR DA RS
MAGISTRATURA FEDERAL

Porto Alegre 2000

© José Paulo Baltazar Junior, 2000

Capa, projeto gráfico e composição de
Livraria do Advogado/Valmor Bortoloti

Revisão de
Rosane Marques Borba

Direitos desta edição reservados por
LIVRARIA DO ADVOGADO LTDA.
Rua Riachuelo, 1338
90010-173 Porto Alegre RS
Fone/fax: (051) 225-3311
E-mail: info@doadvogado.com.br
Internet: www.doadvogado.com.br

Em co-edição com
ESMAFE - Escola Superior da Magistratura Federal
Rua Otávio Francisco Caruso da Rocha s/nº
Prédio da Justiça Federal - 5º andar Ala Leste
90010-395 - Porto Alegre - RS
Fone/fax (051) 214-9360
E-mail: esmafe@ibm.net

Diretoria
Guilherme Pinho Machado,
Maria Helena Rau de Souza, Roger Raupp Rios,
Taís Ferraz Cherutti e Marcelo De Nardi.

Impresso no Brasil / Printed in Brazil

*Para Márcia,
com amor.*

Agradecimentos

Ao meu pai, José Paulo, exemplo de profissional do Direito e pai de família de quem herdei, com muita honra, o nome, e cujos passos tento seguir, e minha mãe, Ana Otília, pelo carinho e afeto que sempre me dedicou.

Aos meus irmãos: Josana Nielsen, que, com sua alegria contagiante e entusiasmo por meus pequenos feitos, me anima a prosseguir, e Alan Jece, meu grande amigo e jovem estudante de Direito, ora iniciando a caminhada.

Aos professores e também aos colegas do Curso de Especialização em Processo Penal no qual foi elaborada a monografia que resultou neste livro, Juízes Federais de todos os recantos desse imenso Brasil, pois muito do que aprendi ao longo do curso foi fruto dos debates ali travados.

Aos colegas Adel Américo Dias de Oliveira e Luís Humberto Escobar Alves, meus substitutos na 1ª Vara Federal Criminal, que estoicamente suportaram a sobrecarga de trabalho em meus afastamentos para a freqüência ao Curso.

Aos servidores da 1ª Vara Federal Criminal e do Conselho da Justiça Federal, pela atenção dispensada em todos os momentos.

Às estagiárias Lisandra Caloghero Pereira, Patrícia Maria Castro Núñez e Vanesa Valéria Zurita, pelo auxílio na pesquisa e na digitação.

Ao Conselho da Justiça Federal e à Universidade de Brasília, entidades que, irmanadas, proporcionaram a realização do Curso de Especialização em Direito Penal.

Abreviaturas

ACr	Apelação Criminal
ADIn	Ação Direta de Inconstitucionalidade
AJUFE	Associação dos Juízes Federais
AJURIS	Associação dos Juízes do Rio Grande do Sul
Ap	Apelação
Art.	Artigo
c/c	Combinado com
CC	Conflito de Competência
CF	Constituição Federal
Cit.	Citado
CLT	Consolidação das Leis do Trabalho
CP	Código Penal
CPP	Código de Processo Penal
Crim.	Criminal
CTN	Código Tributário Nacional
D	Decreto
DJU	Diário da Justiça da União
DL	Decreto-Lei
DOU	Diário Oficial da União
ed	Edição
FGTS	Fundo de Garantia do Tempo de Serviço
HC	*Habeas Corpus*
IAP	Instituto de Aposentadoria e Pensão
IAPAS	Instituto Nacional de Administração Financeira da Previdência Social
ICMS	Imposto sobre Circulação de Mercadorias e Serviços
INPS	Instituto Nacional de Previdência Social
Inq.	Inquérito
INSS	Instituto Nacional do Seguro Social
IPI	Imposto sobre Produtos Industrializados
IRRF	Imposto de Renda Retido na Fonte
j	Julgado
LBPS	Lei de Benefícios da Previdência Social
LCPS	Lei de Custeio da Previdência Social

LCSS	Lei de Custeio da Seguridade Social
LEP	Lei de Execução Penal
LICC	Lei de Introdução ao Código Civil
LOPS	Lei Orgânica da Previdência Social
M	Maioria
Min.	Ministro
MP	Ministério Público
MPs	Medidas Provisórias
MPF	Ministério Público Federal
§	Parágrafo
p.	Página
PASEP	Programa de Assistência ao Servidor Publico
pp.	Páginas
R.	Região
RBCCrim	Revista Brasileira de Ciências Criminais
RPS	Regulamento da Previdência Social
Rcrim	Recurso Criminal
Rel.	Relator
REsp.	Recurso Especial
RGPS	Regime Geral da Previdência Social
RHC	Recurso em *Habeas Corpus*
RPGR	Revista da Procuradoria-Geral da República
RSE	Recurso em Sentido Estrito
RT	Revista dos Tribunais
RTRF 4ª R	Revista do Tribunal Regional Federal da 4ª Região
SENAI	Serviço Nacional de Aprendizagem Industrial
SENAT	Serviço Nacional de Aprendizagem dos Transportes
sep.	Separata
SESI	Serviço Nacional da Indústria
SGM	Secretaria Geral da Mesa do Senado
SINPAS	Sistema Nacional de Previdência e Assistência Social
STF	Supremo Tribunal Federal
STJ	Superior Tribunal de Justiça
SUS	Sistema Único de Saúde
T.	Turma
TRF	Tribunal Regional Federal
Un.	Unânime
UFIR	Unidade Fiscal de Referência
V.	Volume
v.g.	*verbi gratia*

Prefácio

Dia 3 de maio de 1994. Auditório do Tribunal Regional Federal da 4ª Região, Porto Alegre, RS. Lá estava eu, membro da comissão examinadora do 4º concurso de ingresso à magistratura federal da região sul do Brasil. Aproximam-se três jovens candidatos. Um deles é José Paulo Baltazar Junior.

Ao ver, pela primeira vez, aquele jovem Promotor de Justiça, à época com 23 anos de idade, primeiro colocado no concurso promovido pelo Ministério Público gaúcho, pensei: "eis um bom candidato, precisamos aproveitá-lo". Imagino que ele tenha pensado algo assim: "não conheço esse examinador, será que é muito exigente?" Conversamos amenidades. Poucos dias depois o resultado não surpreendeu ninguém: José Paulo Baltazar Junior foi aprovado, em quarto lugar.

Passa o tempo. Aproximamo-nos. Trocamos idéias. Participamos juntos de um livro de Direito Previdenciário. Exercitamos a prática centenária da permuta de gerações, experiência a troco de entusiasmo. E todos com idade superior a quarenta anos sabem o quanto isso é importante para que não nos tornemos céticos e amargos.

Cinco anos se passaram. Aquele jovem magistrado, pouco mais do que um adolescente, amadureceu. Aos poucos, como convém. Passando por todas as etapas, como é necessário. Foi promovido a juiz titular. Participou das lutas da sua classe. Fez-se presente a congressos. Estudou. Escreveu. Trabalhou muito. Tudo isso sem abdicar da juventude, suas alegrias e prazeres. Como deve ser.

Agora já completos os seus 28 anos, brinda-nos com este excelente estudo sobre "O crime de omissão no Recolhimento de Contribuições Sociais Arrecadadas". Trata-se de monografia apresentada no Curso de Especialização em Direito Penal, promovido pelo Conselho da Justiça Federal e a Universidade de Brasília.

O tema não poderia ser mais oportuno. Esta modalidade de conduta criminosa ocupa um terço do volume criminal da Justiça Federal. Pequenos e grandes empresários, nas mais diversas situações, respondem ações penais por se omitirem em recolher contribuições aos cofres da Previdência Social. Incrédulos os acusados, pois nós brasileiros somos habituados a crer que crime é apenas matar, roubar e outras condutas.

Não é bom esquecer que deixar de recolher as verbas descontadas dos trabalhadores ao órgão previdenciário é crime também, e grave. É algo que pode atingir um número indeterminado de pessoas, quiçá impedindo-as de usufruir a aposentadoria na velhice. Não é algo que se possa avaliar no momento, como um furto. Ao contrário, é situação que passa camuflada nas atividades diárias, mas que vai ter repercussões graves anos depois.

O estudo de Baltazar Junior é de raro valor. A análise do crime é antecedida por amplo estudo sobre a previdência social. O Direito Comparado é enfrentado com disposição, com estudo da legislação de vários países daquela que René David chama de "Familia Romana". O tipo penal, culpabilidade, consumação e tentativa, concurso de crimes, prova, tudo é minuciosamente analisado. O autor dá acesso à comunidade jurídica brasileira de todas, todas mesmo sem exceção, teses que estão sendo debatidas nos milhares de processos criminais que versam sobre a matéria.

Mas não é só essa a virtude da obra. Ela tem o valor de aliar teoria e prática. Sobre os temas tratados, fornece o autor jurisprudência e dá a sua opinião pessoal. O trabalho é crítico e elucidativo.

Diante de tudo o que foi dito, resta apenas cumprimentar José Paulo Baltazar Junior pelo notável estudo. Os cumprimentos também se estendem ao Conselho de Justiça Federal e à Universidade de Brasília, pela oportunidade que deram ao jovem juiz de dedicar-se aos estudos do Direito Penal. A nós outros, espectadores da trajetória do autor, fica a certeza de que estamos assistindo a apenas um dos passos de sua caminhada vitoriosa. Isso tudo retempera nossas crenças e nos dá duplo prazer: crença na juventude e nos valores da magistratura brasileira

Porto Alegre, setembro de 1999.

Vladimir Passos de Freitas
Doutor em Direito do Estado pela Universidade Federal do Paraná. Juiz do Tribunal Regional Federal da 4ª Região (RS)

Sumário

Introdução	19
1. Seguridade social	23
1.1. Evolução histórica	23
1.2. Conceito	28
1.3. Regimes de Previdência Social	30
1.4. Beneficiários	33
1.4.1. Segurados	33
1.4.1.1. Empregado	35
1.4.1.2. Empregado doméstico	38
1.4.1.3. Empresário	39
1.4.1.4. Autônomo	40
1.4.1.5. Equiparado a autônomo	41
1.4.1.6. Avulso	43
1.4.1.7. Segurado especial	43
1.5. Custeio da Seguridade Social	46
1.5.1. Noção e perfil constitucional	46
1.5.2. Relação jurídica de custeio	50
1.5.3. Regimes contributivos	50
1.5.3.1. Empregados e avulsos	50
1.5.3.2. Empregados domésticos	52
1.5.3.3. Empresário, facultativo, autônomo e equiparado	53
1.5.3.4. Produtor rural e pescador	54
1.6. Renda mensal dos benefícios previdenciários	54
2. O crime de omissão no recolhimento de contribuições sociais arrecadadas	59
2.1. Legislação antecedente e correlata	59
2.2. Legislação estrangeira	69
2.2.1. Alemanha	70
2.2.2 Argentina	70
2.2.3. Espanha	71
2.2.4. França	74

2.2.5. Peru	74
2.2.6. Portugal	75
2.2.7. Uruguai	76
2.2.8. Venezuela	77
2.3. Objeto jurídico	77
2.4. Sujeito ativo	79
2.4.1. Crime próprio	79
2.4.2. Agentes políticos	85
2.4.3. Responsabilidade pessoal	93
2.5. Sujeito passivo	103
2.6. Tipo objetivo	106
2.6.1. Conduta	106
2.6.2. Objeto material	117
2.6.3. Elemento temporal	122
2.7. Tipicidade material e princípio da insignificância	123
2.8. Tipo subjetivo	125
2.8.1. O tipo doloso	125
2.8.1.1. Compensação	130
2.8.2. O erro de tipo	132
2.9. Culpabilidade	134
2.9.1. Dificuldades financeiras	135
2.9.1.1. Admissibilidade	135
2.9.1.2. Efeitos	144
2.9.1.3. Prova	147
2.9.2. Obediência hierárquica	154
2.9.3. Erro de proibição	154
2.10. Consumação	155
2.11. Tentativa	159
2.12. Local do crime	160
2.13. Concurso de crimes	161
2.13.1. Concurso aparente	161
2.13.1.1. Apropriação indébita	161
2.13.1.2. Lei nº 8.866/94	164
2.13.1.3. Lei nº 8.137/90, Art. 1º	167
2.13.1.4. Lei nº 8.137/90, art. 2º, II	167
2.13.2. Concurso material	167
2.13.3. Crime continuado	168
2.13.3.1. Caracterização	168
2.13.3.2. Quantidade do aumento	171
2.13.3.3. Conflito de leis no tempo	172
2.13.3.4. Prescrição	176
2.13.3.5. Coisa julgada	177
2.14. Pena	179

2.15. Constitucionalidade 182
    2.15.1. Bem jurídico 182
    2.15.2. Prisão por dívida 183
2.16. Ação penal 186
    2.16.1. Generalidades 186
    2.16.2. Procedimento administrativo 188
    2.16.3. Inquérito policial 190
    2.16.4. Intimação prévia 192
    2.16.5. Perícia contábil 193
    2.16.6. Reunião de processos 194
    2.16.7. Prisão preventiva 197
    2.16.8. Extinção da punibilidade 201
        2.16.8.1. Pagamento 201
        2.16.8.2. Parcelamento 204
        2.16.8.3. Medida Provisória nº 1.571-6 208
        2.16.8.4. Anistia 213
Conclusão 231
Bibliografia 241

Introdução

A menção à palavra "crime" evoca, de início, ou os delitos contra o patrimônio, tais como o furto e o roubo, ou a criminalidade violenta - homicídio, estupro, etc. A complexidade da vida moderna engendrou, porém, o surgimento de novas formas de criminalidade, que poderíamos chamar, genericamente, de macrocriminalidade, caracterizada por diferenciadas formas de atuação, efeitos e agentes. Entre estes figuram os delitos cometidos por organizações criminosas, mafiosas ou não, crimes financeiros e crimes fiscais. Como espécie desta última categoria figuram alguns dos crimes contra a seguridade social, mais especificamente aqueles que dizem com o custeio, uma vez que o sistema aufere seus recursos por vias tributárias. E entre os delitos contra a seguridade social o de ocorrência mais comum é justamente a omissão no recolhimento de contribuições arrecadadas, previsto na alínea *d* do art. 95 da Lei nº 8.212/91, delito que responde por cerca de um terço do movimento criminal das varas federais. Estão fora dos limites do trabalho os demais crimes que ofendem a seguridade social no aspecto da arrecadação e as fraudes em matéria de prestações, tipificadas como estelionato.

Sobre a macrocriminalidade como um todo, exatamente por ser de história mais recente, menos desenvolvidas se encontram a doutrina e a jurisprudência, se comparadas com o estágio alcançado em relação à criminalidade tradicional. Do mesmo modo, sendo os fatos menos comuns, restam ainda inúmeros pontos sem solução pretoriana pacífica. Muito da dificuldade se deve ao fato de que a parte geral do direito penal está voltada para a microcriminalidade, estruturalmente diferenciada daquela que se constituirá em objeto deste estudo. Tanto quanto possível, porém, o estudo do crime em espécie não olvidará a incidência dos diversos institutos da parte geral do Direito Penal.

Os pontos de maior interesse residem justamente naqueles mais específicos do crime em questão. Em primeiro lugar, os elementos objetivos do tipo, nos quais se analisará a necessidade ou não de fraude ou desvio para a configuração do crime e a integração ou não da arrecadação anterior na conduta. Depois, a dispensa de um especial estado de ânimo a orientar o subjetivismo do agente. Como conseqüência da singeleza da estrutura típica, em seus aspectos objetivos e subjetivo, afastando o crime em exame da apropriação indébita, é grande o número de condenações, a sugerir uma responsabilidade objetiva. Como isso não pode ser aceito, merece especial atenção a questão das dificuldades financeiras e seu tratamento técnico-jurídico. Também como conseqüência da estrutura típica, de ser levantada e apreciada a questão da constitucionalidade do tipo, face à vedação da prisão por dívida. Por fim, investigada a legitimidade da criminalização de tal conduta, levando em conta o bem jurídico protegido e a estrutura típica escolhida, bem como, o que é de fundamental importância, a pena abstratamente cominada.

Sem prejuízo da análise dos questionamentos acima referidos, também serão consideradas questões comuns a todos os crimes contra a ordem tributária, gênero ao qual pertence o crime em exame. A primeira diz com as relações entre o Direito Tributário e o Penal e os efeitos decorrentes das alterações ocorridas no âmbito tributário com relação ao lançamento. A partir daí, discute-se a necessidade ou não de aguardar o término da ação fiscal para que se dê início à persecução penal e os efeitos que devem ser dados na esfera penal à posterior anulação do lançamento. No campo da autoria, as dificuldades decorrem da circunstância de tratar-se, as mais das vezes, de crime societário.

Esses os problemas que justificam e dão relevo à elaboração deste trabalho.

Para uma perfeita compreensão da matéria, na primeira parte se examinam a seguridade e a previdência sociais, nos aspectos histórico e conceitual, bem como quanto ao perfil constitucional, custeio e participantes. Essa análise permite um adequado dimensionamento do bem jurídico protegido e a exata compreensão da estrutura objetiva do tipo e dos sujeitos ativo e passivo.

A segunda parte, afeita à matéria criminal propriamente dita, principia pelo arrolamento de legislação antecedente e correlata, bem como de tipos assemelhados encontrados no direito comparado, os quais servirão de subsídio à análise da legislação atualmente vigente. Segue-se a análise do crime em si e o tratamento que a ele vem sendo dado pela doutrina e jurisprudência, sempre analisadas criticamente, à luz da teoria geral do Direito Penal.

No levantamento bibliográfico levado a cabo, constatou-se a inexistência de monografias a respeito. Assim, além dos artigos específicos sobre o delito em questão, também foram utilizados os comentários encontrados em monografias sobre os crimes contra a ordem tributária ou mesmo em compêndios de Direito Penal.

Na jurisprudência, foram buscados subsídios do extinto Tribunal Federal de Recursos, bem como do Supremo Tribunal Federal e do Superior Tribunal de Justiça. Maior quantidade de decisões proveio, porém, dos cinco Tribunais Regionais Federais. O levantamento tentou ser abrangente, de modo a dar uma idéia da evolução e dos refluxos do pensamento jurisprudencial na matéria em todo o país.

Tanto na análise da doutrina quanto da jurisprudência, também foram consideradas as referências feitas ao crime previsto no inciso II do art. 2º da Lei nº 8.137/90, que é estruturalmente assemelhado ao delito de que se cuida, bem como a outros tipos que antecederam aos atualmente vigentes. Nestes casos, porém, será esclarecido que o julgado ou posição doutrinária se referem a outro tipo penal.

Por fim, analisa-se, com base no tratamento hoje dado pela doutrina e pela jurisprudência pátrias, a legitimidade da solução penal na matéria, tal como se apresenta, bem como do apenamento. Como não poderia deixar de ser, permeia toda a análise a experiência pessoal do autor à frente de uma vara federal especializada em matéria criminal.

1. Seguridade social

1.1. Evolução histórica

A preocupação com o dia de amanhã nasce com a própria humanidade. Ao escolher um local para se abrigar ou guardar o alimento para o dia seguinte, os primeiros homens já estavam se precavendo para a situação de dificuldade pela falta de recursos ou impossibilidade de trabalho. Era, porém, um sistema rudimentar, de autopreservação, baseado na poupança.

Como antecedentes da previdência e da seguridade social, merecem registro várias associações mutualistas, "no duplo sentido de proteger seus membros (...) e de manter um regime de ajuda recíproca, nos casos de necessidades pessoais, entre os que se dedicavam ao mesmo ofício."[1] Exemplos desse tipo de proteção são encontrados na antiga Roma e na Grécia, bem como na Europa da Idade Média, com as guildas germânicas e as caixas de socorros dos mineiros. Legislativamente, há registro de disposições a respeito no *Talmud* e nos Códigos de Manu e Hamurabi.

Também como manifestação anterior, devem ser lembrados os seguros privados, contratados pelas empresas para os marinheiros, ao tempo das grandes navegações.

---
[1] RUSSOMANO, Mozart Victor. *Curso de Previdência Social*, p. 4.

Outro marco histórico legislativo das origens da seguridade social se dá com a promulgação, na Inglaterra, em 1601, da chamada "Lei dos Pobres", dispondo sobre a prestação de auxílio a pessoas comprovadamente necessitadas.

Em todo esse período histórico, porém, nem todos os homens eram considerados cidadãos. Os escravos, servos e colonos não eram responsáveis por sua manutenção em caso de doença ou incapacidade, mas o proprietário ou senhor.

A partir da revolução francesa e do liberalismo, surge o ideal da igualdade, passando o indivíduo a ser o centro de tudo, mas deveria ser capaz de manter-se por seus próprios meios. Caso não pudesse, ficava à mercê da beneficência ou da caridade, inexistindo organização estatal capaz de cobrir os riscos sociais.

Com a revolução industrial, concentram-se grandes massas de trabalhadores, os quais começam a organizar-se e fazer exigências. Principia o estado social, que passa a garantir, além de direitos civis e políticos, direitos sociais e econômicos, entre os quais os atinentes à seguridade social. O Estado começa a intervir na ordem econômica para trazer algum equilíbrio às relações sociais, incluído um sistema estatal organizado de proteção contra os riscos sociais.

É nesse contexto que o Papa Leão XIII publica a encíclica *Rerum Novarum*, defendendo a intervenção do Estado em defesa dos trabalhadores, a publicação de leis sociais, direito de greve, repouso semanal remunerado, limitação do tempo de trabalho, salário, etc.[2] Como disse o Pontifíce "A classe rica faz das suas riquezas uma espécie de baluarte e tem menos necessidade da tutela pública. A classe indigente, ao contrário, sem riquezas que a ponham a coberto das injustiças, conta principal-

---

[2] DAIBERT, Jefferson. *Direito Previdenciário e Acidentário do Trabalho Urbano*, p. 60.

mente com a proteção do Estado. Que o Estado se faça, pois, sob um particularíssimo título, a providência dos trabalhadores, que em geral pertencem à classe pobre." No campo legislativo, surgem a lei prussiana de seguro-doença em 1810 e a legislação austríaca com cobertura dos riscos de doença, invalidez, velhice e morte, em 1854. Esta fase culmina com a legislação editada na Prússia, sob os auspícios de Bismarck, no período compreendido entre 1883 e o término da I Guerra Mundial.

A partir daí, a legislação social passa a expandir-se geograficamente para fora da Europa. Em 1935, é publicado nos Estados Unidos o *Social Security Act*, que marca a utilização, pela primeira vez, da locução "seguridade social".

No Brasil, a primeira regra positivada na matéria figura na Constituição de 1824, quando apenas os empregados públicos eram protegidos, mediante concessão de pensão aos dependentes daqueles falecidos a serviço do Império. Na mesma linha, o Decreto Imperial de 10 de janeiro de 1835, que criou o plano do Montepio Geral da Economia, para todos os servidores do Estado, e a Lei nº 3.397, de 24 de novembro de 1888, que previa a criação de uma "caixa de socorros" para os trabalhadores das estradas de ferro de propriedade do Estado. Seguiram-se a criação do montepio para os empregados dos correios, pelo Decreto nº 9.212/a, de 26 de março de 1989 e o fundo especial de pensões para os trabalhadores das oficinas da Imprensa Régia, pelo Decreto nº 10.269, de 20 de julho de 1889.

Em 1917, foi criada uma caixa de aposentadorias e pensões para os empregados da Casa da Moeda e em 15 de janeiro de 1919 é criado pela Lei nº 3.724 o seguro de acidentes do trabalho, a cargo das empresas, que deveriam contratá-lo junto a seguradoras privadas. Embora existissem dispositivos legais anteriores, a Lei Eloy Chaves é apontada como marco inicial porque, ao contrário do contido nas leis anteriores, as previsões ali contidas vieram a ser efetivamente implementadas.[3]

Ainda assim, é apontada como marco inicial da previdência social no Brasil a publicação do Decreto Legislativo 4.682, de 24 de janeiro de 1923, data que marca o dia da Previdência Social. O diploma ficou conhecido como Lei Eloy Chaves e permitiu a criação de Caixas de Aposentadorias e Pensões para os empregados de cada empresa ferroviária. A primeira Caixa a ser criada favoreceu os empregados da Great Western do Brasil, em 20 de março daquele ano.

De acordo com Celso Barroso Leite "Nos primeiros anos da década de 30 já eram sensíveis os inconvenientes do regime de uma instituição para cada empresa, com a proliferação de pequenas Caixas, poucas das quais com o número mínimo de segurados indispensável ao funcionamento nos moldes securitários em que desde o seu início a previdência social brasileira opera. Ao mesmo tempo, numerosos trabalhadores permaneciam à margem da proteção previdenciária."[4]

Como consectário desses problemas, o passo seguinte foi a criação, entre 1933 e 1938, dos Institutos de Aposentadorias e Pensões, que englobavam toda uma categoria profissional, substituindo as caixas, que limitavam-se ao âmbito da empresa. Cada IAP tinha disciplina legal própria, tendo sido criados seis institutos, para as seguintes categorias: marítimos, industriários, aeroviários, comerciários, empregados em transportes e cargas, ferroviários e empregados em serviços públicos. A multiplicidade de disciplinas jurídicas e as dúvidas sobre a filiação a um outro instituto causavam, porém, grandes dificuldades.

Bem por isso, sobreveio a uniformização legislativa, com a Lei nº 3.807, de 26 de agosto de 1960, a

---

[3] OLIVEIRA, Jaime A. de Araújo e TEIXEIRA, Sonia M. Fleury. *(Im)Previdência Social – 60 anos de História da Previdência no Brasil*, p. 21.

[4] LEITE, Celso Barroso. *A Proteção Social no Brasil*. p. 37.

chamada lei orgânica da Previdência Social. A partir daí, o regramento passou a ser único para todos os institutos, após treze anos de tramitação legislativa. Esta lei teve também o mérito de incluir no regime protetivo, como segurados obrigatórios, os autônomos e empregadores.

Para os trabalhadores rurais, foi criado um sistema paralelo, de caráter assistencial, tendo no FUNRURAL seu órgão executivo, de acordo com a Lei nº 4.214, de 2 de março de 1963 (Estatuto do Trabalhador Rural), e Lei Complementar nº 11, de 25 de maio de 1971, modificada pela Lei Complementar nº 16, de 30 de outubro de 1973.

Em que pese a uniformização da legislação, persistiam os problemas relativos à filiação em um ou outro instituto e em 21 de novembro de 1966 foi publicado o Decreto-Lei nº 72, que promoveu a unificação institucional, extinguindo os IAPs e criando o Instituto Nacional de Previdência Social - INPS. Ficaram à margem desse sistema apenas o Instituto de Previdência e Assistência dos Servidores do Estado - IPASE e o SASSE, que cobriam os servidores públicos e os economiários, respectivamente.

O seguro de acidentes do trabalho foi integrado na previdência social pela Lei nº 5.316, de 14 de setembro de 1967.

Por fim, o último grande momento histórico foi a Constituição de 1988, que conferiu um novo perfil à matéria, introduzindo o conceito de seguridade social. A matéria será, porém, tratada com maior detalhamento nas seções seguintes.

Merece destaque nesta evolução o alargamento do rol de pessoas abrangidas ao longo do processo. De um tempo em que somente empregados públicos mortos a serviço do Império, na vigência da Constituição de 1824, chegou-se à universalidade com a Constituição de 1988. Nesse período, foram incluídos no sistema protetivo: servidores públicos dos órgãos que contavam com caixas; empregados privados das empresas que contavam com caixas; empregados das categorias abrangidas pelos Institutos; todos empregados remunerados (LOPS), excluídos domésticos e ministros religiosos; rurais (Lei nº 4.124, de 2.3.63 e LLCC nºs 11, de 25.11.71 e 16, de 30.10.73) e domésticos (Lei nº 5.859/72).

1.2. Conceito

O conceito de seguridade social - antigo na doutrina - foi introduzido em nosso ordenamento positivo pela Constituição de 1988, que assim a definiu em seu artigo 194: "A seguridade social compreende um conjunto integrado de ações de iniciativa dos Poderes Públicos e da sociedade, destinadas a assegurar os direitos relativos à saúde, à previdência e à assistência social." Os "objetivos" da seguridade social - melhor seria dizer princípios, como no art. 1º da Lei nº 8.212/91 - estão arrolados no parágrafo único do mesmo dispositivo.

A saúde (CF, arts. 196-200 e LCSS, art. 2º), a previdência social (arts. 201-2 e LCSS, art. 3º) e a assistência social (arts. 203-4) são os três vértices da seguridade social, cada um disciplinado por leis próprias e mantidos por instituições diversas.

A saúde, estabelecida como "direito de todos e dever do Estado," consiste em "políticas sociais e econômicas que visem à redução do risco de doenças e de outros agravos, garantido o acesso universal e igualitários às ações e serviços para sua promoção, proteção e recuperação." A política nacional de saúde é regulada pelas Leis nºs 8.080, de 19 de setembro de 1990, e 8.142, de 28 de dezembro de 1990, sendo seu executor o Sistema Único de Saúde - SUS, que integra órgãos federais, estaduais e municipais.

A previdência social constitui um grande sistema de seguro público, que assegura prestações em dinheiro chamadas benefícios - e prestações não-pecuniárias, chamadas serviços - a fim de permitir a manutenção do segurado ou seus dependentes na ocorrência de eventos como doença, invalidez, morte, velhice, reclusão, gestação e desemprego involuntário, que constituem a concretização dos chamados riscos sociais. Cuida-se de um pacto social intergerações da maior importância, a envolver toda a população de um país. Sua relevância pode ser medida pelos números que apresenta, já que são mais de dezoito milhões os benefícios mantidos atualmente no regime geral no País.

O acesso às prestações previdenciárias se dá mediante contribuição dos segurados, sendo esse o principal traço distintivo entre a previdência e os demais ramos da seguridade social. A matéria é disciplinada pela Lei nº 8.213, de 25 de julho de 1991, sendo responsável pela execução o Instituto Nacional do Seguro Social - INSS, autarquia federal vinculada ao Ministério da Previdência Social, instituída pelo D. 99.350, de 27 de julho de 1990, conforme autorização contida na Lei nº 8.029, de 12 de abril de 1990. O INSS foi criado pela fusão do Instituto Nacional de Previdência Social - INPS, com o Instituto Nacional de Administração Financeira da Previdência Social - IAPAS, com competência para: arrecadar, fiscalizar e cobrar contribuições sociais e demais receitas da Previdência Social; gerir os recursos do Fundo de Previdência e Assistência Social; conceder e manter os benefícios e serviços previdenciários e executar atividades e programas relacionados com emprego, apoio ao trabalhador desempregado, identificação profissional, segurança e saúde do trabalhador.

A importância da previdência social é evidente, especialmente diante do fato de que poucos são os cidadãos que detêm recursos ou bens suficientes para sua manutenção quando se vêem impossibilitados de trabalhar.

"A assistência social é a política social que provê o atendimento das necessidades básicas, traduzidas em proteção à família, à maternidade, à adolescência, à velhice e à pessoa portadora de deficiência" (LCSS, art. 4º), sendo prestada "a quem dela necessitar, independentemente de contribuição à seguridade social." (CF, art. 203) Sua disciplina legal está na Lei nº 8.742, de 7 de dezembro de 1993, e as políticas assistenciais são implementadas por diversos órgãos, nas três esferas de governo.

Doutrinariamente, Celso Barroso Leite afirma que "a seguridade social deve ser entendida e conceituada como o conjunto das medidas com as quais o Estado, agente da sociedade, procura atender à necessidade que o ser humano tem de segurança na adversidade, de tranqüilidade quanto ao dia de amanhã."[5]

O sistema de seguridade social, em seu conjunto, visa a garantir que o cidadão se sinta seguro, tranqüilo e protegido ao longo de toda sua existência, tendo por fundamento a solidariedade humana. A seguridade social é, em última análise, um dos instrumentos através dos quais se pretendem alcançar os objetivos fundamentais da República Federativa do Brasil, arrolados no art. 3º da Constituição, quais sejam: "construir uma sociedade livre, justa e solidária; erradicar a pobreza e a marginalização, reduzir as desigualdades sociais e promover o bem de todos."

Como se vê, o sistema de seguridade é de fundamental importância para a paz social, bem assim para os cidadãos, sendo este o bem jurídico protegido pelo delito que se examina.

1.3. Regimes de Previdência Social

Nos termos do artigo 201 da Constituição Federal, com a redação dada pela Emenda Constitucional nº 20,

---
[5] LEITE, Celso Barroso. Conceito de Seguridade Social. In: *Curso de Direito Previdenciário*, Homenagem a Moacyr Velloso Cardoso de Oliveira, p. 17.

de 16 de dezembro de 1998, a "previdência social será organizada sob a forma de regime geral, de caráter contributivo e de filiação obrigatória". O regime geral e obrigatório de previdência social é regulado pela Lei nº 8.213, de 24 de julho de 1991, a chamada Lei dos Benefícios da Previdência Social. Segundo o artigo 9º deste diploma legal, o Regime Geral de Previdência Social garante a cobertura dos eventos mencionados em seu artigo 1º (incapacidade, desemprego involuntário, idade avançada, tempo de serviço, encargos familiares e prisão ou morte daqueles de quem dependiam economicamente), exceto o desemprego involuntário, que é objeto de lei específica. A menção aos eventos cobertos é, porém, insuficiente para distinguir o regime geral dos demais.

O traço distintivo estará, então, nos participantes de um determinado regime. Assim é que o regime geral é aquele estabelecido em favor dos trabalhadores em geral, excluídos os servidores públicos que tenham regime próprio de previdência social (LBPS, art. 12). A extensão do regime geral é determinada, em conclusão, pelo rol de seus beneficiários, constantes do artigo 11 da Lei dos Benefícios e 12 da Lei do Custeio, matéria que será tratada no capítulo seguinte.

Ao tratar de regime, necessária uma breve menção ao § 7º do artigo 201 da CF, o qual, em sua feição originária, rezava que "A previdência social manterá seguro coletivo, de caráter complementar e facultativo, custeado por contribuições adicionais." Esse regime público complementar e facultativo, mencionado nos artigos 28, § 6º, da LCSS, bem como nos artigos 2º, VII; 9º, II, § 2º e 153 da LBPS, jamais foi criado, e o dispositivo constitucional que previa sua criação foi suprimido pela Emenda Constitucional nº 20, publicada em 16 de dezembro de 1998. Sua importância estaria em permitir a manutenção do nível de renda dos segurados que percebem salários superiores ao limite estabelecido para os benefícios do regime geral, atualmente fixado em patamar pouco inferior a dez salários mínimos. Inexistindo esse sistema público complementar, aquele que deseja uma renda superior ao limite legal tem como opção apenas a previdência privada, que nem sempre oferece, no entanto, a necessária segurança para um contrato de tão longo tempo. Apesar disso, o legislador constituinte fez uma opção pelo regime de previdência privada complementar, como se vê pela leitura do art. 202 da Constituição Federal, com a redação dada pela já mencionada Emenda Constitucional nº 20/98, adiante transcrito.

Além do regime geral, a União mantém e os Estados e Municípios podem manter regimes próprios de seguridade social para seus servidores, caso em que estes ficam excluídos do regime geral por força do artigo 12 da Lei nº 8.213/91. A Previdência Social oficial considera "regime próprio de previdência social o que assegura pelo menos aposentadoria e pensão por morte" (RPS, D. 3.048/99, art. 10, § 2º). É comum que pequenos Municípios estabeleçam um incipiente regime de capitalização pessoal, oferecendo um pecúlio aos servidores por ocasião da jubilação, querendo com isso retirar seus servidores do regime geral para livrarem-se dos encargos daí decorrentes. Neste caso, os servidores do Município serão segurados obrigatórios do regime geral, o que lhes obriga, bem como ao Município, a verter contribuições para o INSS.

Por fim, o artigo 202 da Constituição Federal prevê a existência do regime de previdência privada, "de caráter complementar e organizado de forma autônoma em relação ao regime geral de previdência social", o qual, "será facultativo". Esta atividade é apenas autorizada e fiscalizada pelo poder público, estando disciplinada pelas Leis nºs 6.435, de 15 de julho de 1977, e 9.477, de 24 de julho de 1997, que instituiu o Fundo de Aposentadoria Programada Individual, até que sobrevenha a lei complementar exigida pelo artigo 202 da

Constituição, com a redação dada pela Emenda Constitucional nº 20/98. Nesse âmbito, evidentemente, cuida-se de relações estabelecidas entre particulares, com base na livre disposição, não havendo compulsoriedade de filiação.

A importância da distinção dos regimes para este trabalho reside no fato de que o crime previsto na alínea *d* do artigo 95 da Lei nº 8.213/91 somente ocorrerá quando se cuidar de contribuições descontadas ou cobradas e não recolhidas ao regime geral. A prática de condutas que atentem contra o regime de previdência dos servidores poderá configurar outras modalidades típicas previstas no Código Penal (estelionato, peculato, etc.) ou na Lei nº 8.137/90. Quanto à previdência privada, há figuras típicas específicas, previstas nos artigos 77 e 80 da Lei nº 6.435, de 15 de julho de 1977. Poderão ocorrer também delitos previstos na Lei de Economia Popular, na Lei dos Crimes contra o Sistema Financeiro Nacional e no Código do Consumidor, além de tipos do próprio Código Penal. Não há que falar, porém, em omissão no recolhimento de contribuições descontadas, na moldura da alínea *d* do art. 95 da Lei nº 8.212/91.

1.4. Beneficiários

Como visto acima, o que delimita o campo de abrangência do Regime Geral de Previdência Social é a extensão do atendimento, ou seja, quem são seus beneficiários, termo genérico que designa os segurados e os dependentes. Assim, a fim de bem delimitar-se o regime geral, é necessário verificar quem são seus segurados e dependentes.

1.4.1. Segurados

São as pessoas físicas vinculadas ao sistema de previdência social por direito próprio, em oposição aos dependentes, que se vinculam ao sistema em virtude da existência da relação de terceiro com a previdência. Os segurados mantêm dúplice relação jurídica com a previdência. Do ponto de vista do custeio, são vistos como contribuintes, sujeitos passivos de uma relação jurídica de ordem tributária. A par disso, são sujeitos ativos da relação jurídica de benefício, na qual é obrigada a previdência social, informada por princípios próprios.

O segurado pode ser obrigatório, caso exerça alguma das atividades arroladas no art. 11 da LBPS, ou facultativo, quando, não sendo filiado obrigatório do regime geral ou de outro regime de previdência social, voluntariamente adere ao regime geral, mediante contribuição (CF, art. 201, § 5º, e LBPS, art. 13). O RBPS, em seu art. 11, exemplifica como facultativos: a dona-de casa; o síndico de condomínio não-remunerado; o estudante; aquele que deixou de ser segurado obrigatório da previdência social; o membro de conselho tutelar; o bolsista e o estagiário (Lei nº 6.494/77); o presidiário que não exerce atividade remunerada.

O preso não é segurado obrigatório do regime geral, malgrado a Constituição estabeleça como princípio da seguridade social a universalidade do atendimento (CF, art. 194, parágrafo único, I) e a Lei de Execução Penal arrole a previdência social entre os direitos do preso (Lei nº 7.210, de 11 de julho de 1984, art. 41, III). Pela redação originária do § 1º do art. 18 da Lei dos Benefícios, o preso poderia receber apenas o benefício de auxílio-acidente, mas o dispositivo foi alterado para excluir o preso até mesmo desta pequena proteção.

Assim, o trabalho do preso, embora obrigatório (LEP, art. 31) e remunerado (LEP, art. 29), não engendra filiação previdenciária, à míngua de previsão na legislação própria. Apenas o preso em regime aberto, caso trabalhe fora do estabelecimento, mantendo relação empregatícia, será filiado ao regime de previdência social.

Cabe lembrar, ainda, o artigo 5º da Lei nº 9.528/97, resultante da conversão em Lei da Medida Provisória nº 1.523/96, segundo o qual:

"Os magistrados classistas temporários da Justiça do Trabalho e os magistrados da Justiça Eleitoral nomeados na forma dos incisos II do art. 119 e III do art. 120 da Constituição Federal serão aposentados de acordo com as normas estabelecidas pela legislação previdenciária a que estavam submetidos antes da investidura na magistratura, mantida a referida vinculação previdenciária durante o exercício do mandato.
Parágrafo único. O aposentado de qualquer regime previdenciário que exercer a magistratura nos termos deste artigo vincula-se, obrigatoriamente, ao Regime Geral de Previdência Social - RGPS."

Dito isso, cabe diferenciar as várias espécies de segurados. A importância de bem distingui-los reside na diferenciação de sua participação no custeio, e, em conseqüência, a possibilidade ou não da ocorrência do crime de omissão no recolhimento de suas contribuições.

O artigos 12 da Lei do Custeio e 11 da Lei dos Benefícios enumeram as várias espécies de segurados obrigatórios, em sete classes, a saber: empregados, empregados domésticos, empresários, trabalhadores autônomos, equiparados a autônomos, avulsos e segurados especiais. Interessante notar que em várias passagens o legislador faz expressa menção à irrelevância de se tratar de atividade urbana ou rural, como emanação do princípio constitucional da uniformidade e equivalência dos benefícios e serviços às populações urbanas e rurais (CF, art. 194, II).

1.4.1.1. *Empregado*

Esta é a mais numerosa das classes de segurados, sendo de fundamental importância para a compreensão do crime a ser estudado na segunda parte deste trabalho, já que a hipótese mais comum de sua ocorrência diz justamente com a omissão no recolhimento de contribuições descontadas dos empregados.

A legislação previdenciária é extremamente casuística, pois a lei arrola oito diferentes hipóteses de segurados empregados.

A primeira e mais comum é a do empregado no conceito trabalhista (CLT, arts. 2º e 3º), assim entendido aquele que presta serviço de natureza urbana ou rural à empresa, em caráter não eventual, sob sua subordinação e mediante remuneração, inclusive como diretor empregado. Consideram-se traços característicos da relação de emprego: a pessoalidade, a subordinação, a não-eventualidade e a remuneração. Ausente algum desses elementos, a relação jurídica terá outra natureza que não a empregatícia. É considerado empregado o administrador profissional, que não é acionista ou quotista da empresa. O regulamento considera "diretor empregado aquele que, participando ou não do risco econômico do empreendimento, seja promovido para cargo de direção, mantendo as características inerentes à relação de emprego." (art. 9º, § 2º).

Também é considerado empregado o trabalhador temporário, conceituado como sendo aquele que, contratado por empresa de trabalho temporário, definida em legislação específica, presta serviço para atender à necessidade transitória de substituição de pessoal regular e permanente ou ao acréscimo extraordinário de serviços de outras empresas. O trabalho temporário, regulado pela Lei nº 6.019/74, caracteriza-se por manter o obreiro relação empregatícia com a empresa de trabalho temporário, apesar de prestar serviços à tomadora, nas hipóteses antes elencadas.

O servidor público ocupante de cargo em comissão, sem vínculo efetivo com a União, Autarquias, inclusive em regime especial e Fundações Públicas Federais, também é considerado empregado. Na terminologia do direito administrativo, os cargos públicos, assim entendido "o conjunto de atribuições e responsabilidades previstas na estrutura organizacional que devem ser cometidas a um servidor" (Lei nº 8.112/90, art. 3º), podem ser providos em caráter efetivo ou em comissão, quando se tratar de "cargos de confiança, de livre exoneração" (Lei nº 8.112/90, art. 9º, II). Aliás, a própria Constituição Federal, no § 13 do art. 40, com a redação dada pela Emenda Constitucional nº 20/98, estabelece que "Ao servidor ocupante, exclusivamente, de cargo em comissão declarado em lei de livre nomeação e exoneração bem como de outro cargo temporário ou de emprego público, aplica-se o regime geral de previdência social."

Em outras palavras, os servidores em comissão deverão recolher contribuições, obrigatoriamente, ao regime geral de previdência social.

As alíneas c a f enquadram as seguintes pessoas como segurados empregados: o brasileiro ou o estrangeiro domiciliado e contratado no Brasil para trabalhar como empregado em sucursal ou agência de empresa nacional no exterior; aquele que presta serviço no Brasil a missão diplomática ou a repartição consular de carreira estrangeira e a órgãos a elas subordinados, ou a membros dessas missões e repartições, excluídos o não-brasileiro sem residência permanente no Brasil e o brasileiro amparado pela legislação previdenciária do país da respectiva missão diplomática ou repartição consular; o brasileiro civil que trabalha para a União, no exterior, em organismos oficiais brasileiros ou internacionais dos quais o Brasil seja membro efetivo, ainda que lá domiciliado e contratado, salvo se segurado na forma da legislação vigente no país do domicílio; e, finalmente, o brasileiro ou estrangeiro domiciliado e contratado no Brasil para trabalhar como empregado em empresa domiciliada no exterior, cuja maioria do capital votante pertença a empresa brasileira de capital nacional." A diferença entre as hipóteses das alíneas *e* do inciso I e *d* do inciso V do artigo 11 está em que naquela o segurado trabalha para a União, em organismo internacional, enquanto nesta o trabalho é desenvolvido para o organismo internacional.

A alínea *h*, introduzida pela Lei n° 9.506, de 30 de outubro de 1997, acrescentou ao rol dos segurados empregados "o exercente de mandato eletivo federal, estadual ou municipal, desde que não vinculado a regime próprio de previdência social."

Por fim, o artigo 9º do D. 3.048, de 6 de maio de 1999, o Regulamento da Previdência Social, explicita que também são considerados empregados: o bolsista e o estagiário que prestam serviços a empresa em desacordo com a Lei nº 6.494, de 7 de dezembro de 1977, a qual "Dispõe sobre os estágios de estudantes de estabelecimentos de ensino superior e de ensino profissionalizante", estabelecendo os requisitos para o trabalho nessas condições; o magistrado classista temporário da Justiça do Trabalho ou Eleitoral que antes da investidura na magistratura era vinculado ao regime geral; o escrevente ou auxiliar contratado por titular de serviço notarial ou de registro e o servidor contratado para atender a necessidade temporária de excepcional interesse público, nos termos do inciso IX do artigo 37 da Constituição Federal.

1.4.1.2. *Empregado doméstico*

A segunda classe de segurados é a do empregado doméstico, assim entendido "aquele que presta serviço de natureza contínua a pessoa ou família, no âmbito residencial desta, em atividades sem fins lucrativos." Também aqui o conceito é emprestado do Direito do Trabalho, como se vê pela leitura da Lei nº 5.859/72. Claro está que a locução "em atividade sem fins lucrativos" diz com a família, e não com a atuação do obreiro, que deverá ser remunerada. Assim, não será considerado empregado doméstico, mas empregado, quem trabalha em uma pequena oficina, na qual se explora atividade lucrativa, apenas por estar ela localizada no quintal de uma residência. Empregado doméstico será não apenas a pessoa encarregada da limpeza da residência, mas também o caseiro, o motorista, o vigia, a babá, o cozinheiro, etc.

1.4.1.3. Empresário

O empresário aparece como terceira figura entre os segurados obrigatórios. No conceito legal, é segurado empresário o titular de firma individual urbana ou rural, o diretor não-empregado, o membro do conselho de administração de sociedade anônima, o sócio solidário, o sócio de indústria e o sócio-cotista que participe da gestão ou receba remuneração decorrente de seu trabalho em empresa urbana ou rural. Além desses, o RPS explicita que também são considerados empresários: todos os sócios, na sociedade em nome coletivo; o associado eleito para cargo de direção (...) na cooperativa, associação ou entidade de qualquer natureza ou finalidade, bem como o síndico ou cabecel eleito ou contratado para exercer atividade de direção condominial; e o incorporador imobiliário de que trata o art. 29 da Lei nº 4.591, de 16 de dezembro de 1964.

O administrador será, então, considerado empregado ou empresário conforme ostente ou não a condição de sócio da empresa. O § 3º do artigo 9º do Regulamento da Previdência Social esclarece que diretor não-empregado é "aquele que, participando ou não do risco econômico do empreendimento, seja eleito, por assembléia geral dos acionistas, para cargo de direção das sociedades anônimas, não mantendo as características da relação de emprego."

1.4.1.4. Autônomo

A quarta espécie de segurado é a do trabalhador autônomo, a qual abrange duas hipóteses distintas.

A primeira é a de quem presta serviço de natureza urbana ou rural, em caráter eventual, a uma ou mais empresas, sem relação de emprego. Segundo Wladimir Novaes Martinez, este é o antigo eventual, delineado como:

"... um trabalhador dependente, não tem profissão definida ou está se adestrando antes de dominá-la e presta serviços subordinadamente para as empresas, sem chegar a ser empregado. Deste se distingue por trabalhar em função ocasional, serviço não permanente, tarefa esporádica. (...) Suas características básicas são a pessoalidade, a eventualidade e, conseqüentemente, a não-habitualidade do labor e, assinale-se, a dependência hierárquica. Exatamente como o empregado, é subordinado ao poder de comando da empresa. Tem seu trabalho conduzido pelo contratante; não é auto-suficiente como o autônomo. Isso se deve a inúmeros fatores, o principal deles é não possuir profissão; outro, à própria singeleza da tarefa executada, alguém iniciando-se numa carreira, marginalizado no mercado de trabalho ou na sociedade."[6]

Autônomo propriamente dito é, então, aquele que se amolda à definição da segunda alínea do inciso IV, ou seja, a pessoa física que exerce, por conta própria, atividade econômica de natureza urbana, com fins lucrativos ou não. Para o autor acima citado:

"O autônomo trabalha por conta própria. Prestador independente de serviços, geralmente um profissional, exercita habitualmente atividade remunera-

---
[6] MARTINEZ, Wladimir. *Comentários à Lei Básica da Previdência Social*, Ed. LTr, São Paulo, 1995, 3ª ed., pp. 91-2.

da, para terceiros, pessoas físicas ou jurídicas, assumindo os riscos inerentes à sua execução. O contrato estabelecido com pessoas ou empresas é nitidamente civil. Não é laboral. O importante nessa relação é a tarefa ajustada em si ou a obra, enfim, o resultado do trabalho. Assemelha-se ao titular de firma individual de pequeno porte. Tem um reduzido estabelecimento (podendo ser móvel), administra empreendimento de pequeno vulto e arca com os imprevistos específicos de seu labor. É dito profissional, isto é, detém uma profissão, domina uma técnica, conhece uma arte ou efetiva uma prática, através da qual obtém os meios de subsistência e se realiza como ser humano e membro da sociedade. Autônomo porque freqüentemente e por sua conta exerce atividade profissional, repete-se. Tal construção guarda as suas principais características, avulta a dinâmica do esforço individual e não olvida a condição não-amadorística, sem falar no essencial, a assunção de riscos específicos e trabalho não subordinado."[7]

Como exemplo de autônomos, podem ser referidos aqueles arrolados no artigo 9º do RPS, a saber: o taxista proprietário do veículo, o trabalhador associado a cooperativa de trabalho, o vendedor ambulante, etc.

A Lei nº 6.932, de 7 de julho de 1981, com as alterações da Lei nº 8.138, de 28 de dezembro de 1990, arrola entre os segurados autônomos o médico residente, que melhor estaria colocado entre os equiparados.

1.4.1.5. *Equiparado a autônomo*

A quinta classe de segurados é a dos equiparados a trabalhadores autônomos.

Nessa classe, avulta a figura da pessoa física, proprietária ou não, que explora atividade agropecuária,

---
[7] Ob. e loc. cit.

pesqueira ou de extração de minerais, em caráter permanente ou temporário, diretamente ou através de prepostos e com auxílio de empregados, utilizados a qualquer título, ainda que de forma não-contínua. Esse segurado diferencia-se do especial, previsto no inciso VII, por contar com o auxílio de empregados. Claro está que somente será equiparado a autônomo o segurado que explora a atividade agropecuária através de pessoa física. Se o fizer através de empresa, será segurado empresário, já que este pode desempenhar suas atividades em empresa urbana ou rural. Esta figura é especialmente importante para este estudo em virtude de seu peculiar regime contributivo, como adiante se verá.

Se para o agricultor, o pecuarista e o pescador artesanal a circunstância de possuir ou não empregados determinará a sua filiação como segurado equiparado a autônomo ou especial, para o garimpeiro este dado perde relevância. Pouco importando tenha ou não empregados, aquele que explora atividade de extração mineral será equiparado a autônomo (LBPS, art. 11, V, *b*).

Equiparam-se também a autônomo, de acordo com a alíneas *c* a *e* do inciso V do art. 11 da LBPS:

"c) o ministro de confissão religiosa e o membro de instituto de vida consagrada e de congregação ou de ordem religiosa, este quando por ela mantido, salvo se filiado obrigatoriamente à Previdência Social em razão de outra atividade, ou a outro sistema previdenciário, militar ou civil, ainda que na condição de inativo;
d) o empregado de organismo oficial internacional ou estrangeiro em funcionamento no Brasil, salvo quando coberto por sistema próprio de previdência social;
e) o brasileiro civil que trabalha no exterior para organismo oficial internacional do qual o Brasil é membro efetivo, ainda que lá domiciliado e contratado, salvo quando coberto por sistema de previdência social do país do domicílio."

O RPS, dispondo sobre a regra introduzida pelo parágrafo único do art. 5º da Lei nº 9.528/97 inclui entre os equiparados a autônomos "o aposentado de qualquer regime previdenciário nomeado magistrado classista temporário da Justiça do Trabalho ou da Justiça Eleitoral na forma dos incisos II do art. 119 e III do § 1º do art. 120 da Constituição Federal".

O inciso V não exclui a possibilidade de a legislação especial equiparar outros trabalhadores ao autônomo.

1.4.1.6. Avulso

A sexta classe é dos trabalhadores avulsos, definidos como quem presta, a diversas empresas, sem vínculo empregatício, serviços de natureza urbana ou rural definidos no Regulamento. O RPS, em seu artigo 9º, acrescenta como elemento para a caracterização do avulso que o trabalho seja prestado com a intermediação obrigatória do sindicato da categoria ou do órgão gestor de mão-de-obra, nos termos da Lei nº 8.630, de 25 de fevereiro de 1993, para a seguir arrolar os trabalhadores avulsos que são, essencialmente, os trabalhadores do porto, tais como estivadores, conferentes, práticos, guindasteiros, etc.

O órgão gestor de mão-de-obra, criado pela Lei nº 8.630, de 25 de fevereiro de 1993, que trata da modernização dos portos, deverá ser constituído, em cada porto, pelos operadores portuários, tendo por finalidades: administrar o fornecimento da mão-de-obra, selecionar e registrar o trabalhador avulso, além de arrecadar e repassar os valores relativos à sua remuneração, efetuando os descontos fiscais e previdenciários correspondentes.

1.4.1.7. Segurado especial

Finalmente, no inciso VII depara-se com a figura do segurado especial, que tem sede constitucional no § 8º do artigo 195, segundo o qual o produtor, o parceiro, o meeiro e o arrendatário rurais e o pescador artesanal, bem como os respectivos cônjuges, que exerçam suas atividades em regime de economia familiar, sem empregados permanentes, contribuirão para a seguridade social mediante a aplicação de uma alíquota sobre o resultado da comercialização da produção e farão jus aos benefícios nos termos da lei. Pela lei, são segurados especiais os produtores, parceiros, meeiros e arrendatários rurais, pescadores artesanais e assemelhados, que exerçam a atividade individualmente ou em regime de economia familiar, ainda que com auxílio eventual de terceiros, bem como seus respectivos cônjuges ou companheiros e filhos maiores de quatorze anos ou a eles equiparados, desde que trabalhem, comprovadamente, com o grupo familiar respectivo. Nos termos do § 1º "Entende-se como regime de economia familiar a atividade em que o trabalho dos membros da família é indispensável à própria subsistência e é exercido em condições de mútua dependência e colaboração, sem a utilização de empregados."

O grande traço diferenciador desta classe de segurados em relação ao produtor rural equiparado a autônomo está na inexistência de empregados.

Exige-se que o trabalho dos membros da família seja indispensável à própria subsistência e exercido em condições de mútua dependência e colaboração. Sendo assim, a circunstância de que um dos membros da família possua outra fonte de renda, v.g., como professora primária, pequeno comércio, táxi, etc. será ou não suficiente para descaracterizar o regime de economia familiar? Pelo § 8º do art. 9º do Regulamento, "Não se considera segurado especial (...) o membro do grupo familiar que possui fonte de rendimento decorrente do exercício de atividade remunerada (...) ou aposentadoria de qualquer regime".

Tenho que o mero exercício de outra atividade não é suficiente para descaracterizar o regime de economia familiar, como passo a analisar. É que o Estatuto da Terra (Lei nº 4.504, de 30 de novembro de 1964), em seu artigo 4º, definia como Propriedade Familiar o imóvel rural que, direta e pessoalmente explorado pelo agricultor e sua família, *lhes absorva toda a força de trabalho*, garantindo-lhes a subsistência e o progresso social e econômico, com área máxima fixada para cada região e tipo de exploração, e eventualmente, trabalho com a ajuda de terceiros. A locução grifada, também presente no DL 1166/71, acima transcrito, foi omitida na Lei Complementar nº 11, de 25 de maio de 1971, bem como na atual legislação. Daí se conclui que a lei não mais exige seja exclusiva a atividade agrícola, bastando que o trabalho seja indispensável à própria subsistência.

Desse modo, somente estará descaracterizado o regime de economia familiar quando a renda obtida com a outra atividade seja suficiente para a manutenção da família, de modo a tornar dispensável a atividade agrícola. Assim é que não estará descaracterizado o regime de economia familiar, por exemplo, quando um dos cônjuges perceber salário ou proventos de um salário mínimo como professor primário do Município ou aposentado, ainda que pelo regime urbano.

E mesmo que a renda seja maior, o regime de economia familiar não estará descaracterizado para todo o grupo familiar, mas apenas para aquele membro que aufere renda estranha à agricultura. Conclusão contrária deixaria fora da proteção previdenciária todos os demais trabalhadores da família, o que iria de encontro ao princípio da universalidade do atendimento, consagrado no inciso I do artigo 194 da Constituição.

1.5. Custeio da Seguridade Social

1.5.1. Noção e perfil constitucional

A Previdência Social envolve o fornecimento de serviços e prestações em dinheiro, os quais demandam vultosos recursos. Nos termos do artigo 195 da Constituição Federal, com a redação dada pela Emenda Constitucional nº 20/98:

> "Art. 195. A seguridade social será financiada por toda a sociedade, de forma direta e indireta, nos termos da lei, mediante recursos provenientes dos orçamentos da União, dos Estados, do Distrito Federal e dos Municípios, e das seguintes contribuições sociais:
> I - do empregador, da empresa e da entidade a ela equiparada na forma da lei, incidentes sobre:
> a) a folha de salários e demais rendimentos do trabalho pagos ou creditados, a qualquer título, à pessoa física que lhe preste serviço, mesmo sem vínculo empregatício;
> b) a receita ou o faturamento;
> c) o lucro;
> II - do trabalhador e dos demais segurados da previdência social, não incidindo contribuição sobre aposentadoria e pensão concedidas pelo regime geral de previdência social de que trata o art. 201;
> III - sobre a receita de concursos de prognósticos.
> § 1º As receitas dos Estados, do Distrito Federal e dos Municípios destinadas à seguridade social constarão dos respectivos orçamentos, não integrando o orçamento da União.
> § 2º A proposta de orçamento da seguridade social será elaborada de forma integrada pelos órgãos responsáveis pela saúde, previdência social e assistência social, tendo em vista as metas e prioridades

estabelecidas na lei de diretrizes orçamentárias, assegurada a cada área a gestão de seus recursos.

§ 3º A pessoa jurídica em débito com o sistema da seguridade social, como estabelecido em lei, não poderá contratar com o poder público nem dele receber benefícios ou incentivos fiscais ou creditícios.

§ 4º A lei poderá instituir outras fontes destinadas a garantir a manutenção ou expansão da seguridade social, obedecido o disposto no art. 154, I.

§ 5º Nenhum benefício ou serviço da seguridade social poderá ser criado, majorado ou estendido sem a correspondente fonte de custeio total.

§ 6º As contribuições sociais de que trata este artigo só poderão ser exigidas após decorridos noventa dias da data da publicação da lei que as houver instituído ou modificado, não se lhes aplicando o disposto no art. 150, III, b.

§ 7º São isentas de contribuição para a seguridade social as entidades beneficentes de assistência social que atendam às exigências estabelecidas em lei.

§ 8º O produtor, o parceiro, o meeiro e o arrendatário rurais e o pescador artesanal, bem como os respectivos cônjuges, que exerçam suas atividades em regime de economia familiar, sem empregados permanentes, contribuirão para a seguridade social mediante a aplicação de uma alíquota sobre o resultado da comercialização da produção e farão jus aos benefícios nos termos da lei.

§ 9º As contribuições sociais previstas no inciso I deste artigo poderão ter alíquotas ou bases de cálculo diferenciadas, em razão da atividade econômica ou da utilização intensiva de mão-de-obra.

§ 10. A lei definirá os critérios de transferência de recursos para o sistema único de saúde e ações de assistência social da União para os Estados, o Distrito Federal e os Municípios, e dos Estados para os

Municípios, observada a respectiva contrapartida de recursos.

§ 11. vedada a concessão de remissão ou anistia das contribuições sociais de que tratam os incisos I, *a*, e II deste artigo, para débitos em montante superior ao fixado em lei complementar."

Além disso, a Constituição Federal arrola, em seu artigo 194, os princípios da seguridade social, impropriamente chamados no texto de "objetivos". Ali estão estabelecidos, quanto ao custeio, os princípios da "eqüidade na forma de participação no custeio" e da "diversidade da base de financiamento."

Dos princípios da eqüidade no custeio e da previsão de financiamento por toda a sociedade, bem como do caráter de seguro de que se reveste o ramo específico da previdência ou seguro social, decorre a imposição de que, além das empresas, também os trabalhadores contribuam para a seguridade social.

Adota-se, no Brasil, o chamado sistema de repartição, pelo qual todos contribuem para um fundo comum, dividindo a responsabilidade. Mais que isto, os trabalhadores de hoje garantem o pagamento dos benefícios daqueles que já se inativaram, bem como para os dependentes do segurado falecido. Daí desponta, então, a grande importância da contribuição. De um lado, é necessária como meio de financiamento do sistema. De outro, decorre do caráter de seguro de que se reveste a previdência social, induzindo no segurado a idéia de que também é responsável pelo financiamento do sistema.

O sistema deve funcionar em equilíbrio financeiro, baseado em cálculos atuariais, que levem em conta o número de benefícios a ser concedidos, as projeções demográficas, etc. O vetusto Regulamento da LOPS (Lei nº 3.807/60), em seu artigo 273, definia o Plano de Custeio como um conjunto de "normas e previsões de despesas e receitas estabelecidas com base em avaliações atuariais e destinadas à planificação econômica do regi-

me e seu conseqüente equilíbrio técnico financeiro."
Não é por outra razão que o § 5º do art. 195 da CF, acima transcrito, estabelece a proibição de criação de benefício sem a correspondente fonte de custeio, a denominada "regra de contrapartida".[8]

Em outras palavras, os trabalhadores e as empresas vertem contribuições para um fundo comum, de onde fluem os recursos para o fornecimento das prestações e a manutenção da própria estrutura administrativa do sistema. É um sistema de caixa, no qual as despesas não poderiam, em tese, superar as receitas, mantendo-se o equilíbrio econômico-financeiro. Para isto, os valores das contribuições e das prestações são calculados com base em cálculos atuariais. Tanto é assim que o art. 96 da Lei nº 8.212/91 determina que "O Poder Executivo enviará ao Congresso Nacional, anualmente, acompanhando a Proposta Orçamentária da Seguridade Social, projeções atuariais, abrangendo um horizonte temporal de, no mínimo, 20 (vinte) anos, considerando hipóteses alternativas quanto às variáveis demográficas, econômicas e institucionais relevantes."

Não é por outra razão que se fala em "crise da previdência social", provocada pela alteração da pirâmide demográfica, que hoje mais se assemelha a uma coluna, em virtude do envelhecimento da população. Além disso, contribuem para este quadro a economia informal e a falta de zelo na administração dos recursos auferidos. O que importa aqui, porém, é demonstrar a importância da arrecadação para o financiamento do sistema.

Nesse quadro, o delito de omissão no recolhimento, com a conseqüente falta daqueles ingressos no sistema, constitui um fator de perturbação desse equilíbrio econômico-financeiro, embasado em cálculos previamente elaborados.

---

[8] BALERA, Wagner. *A Seguridade Social na Constituição de 1988*, São Paulo, RT, 1989, p. 68.

1.5.2. Relação jurídica de custeio

No âmbito da seguridade social travam-se relações jurídicas de duas ordens, conforme a posição ocupada pela autarquia seguradora.

A relação jurídica de custeio tem por objeto o recolhimento da contribuição social. Nela é sujeito ativo a pessoa jurídica de direito público titular da competência para exigir o cumprimento da obrigação tributária (CTN, art. 119). Será o INSS ou a União, conforme se trate de contribuição sobre a folha de salários ou sobre faturamento e lucro (LCSS, art. 33). O sujeito passivo será a empresa ou segurado, visto aqui como contribuinte. Essa relação jurídica tem natureza jurídica, sendo informada pelos princípios pertinentes a esse ramo do direito.

Na relação jurídica de previdência social os pólos se invertem. O segurado, antes visto como contribuinte e obrigado na relação, passa a ser visto como beneficiário, titular do direito à prestação, que é o objeto da relação jurídica. A instituição previdenciária, de sua parte, passa de credora a devedora da prestação.

Enquanto a empresa toma parte apenas na relação de custeio, o dependente do segurado mantém exclusivamente relação de previdência. Já o segurado poderá figurar em uma ou outra.

1.5.3. Regimes contributivos

Dito isso, a ver quais são os regimes contributivos dos segurados, que podem para isso, ser divididos em quatro grupos, conforme a classe a que pertençam, como visto no capítulo anterior.

1.5.3.1. Empregados e avulsos

Segundo os artigos 12 da Lei nº 8.212, de 24 de julho de 1991, e 11 da Lei nº 8.213, da mesma data, que dispõem, respectivamente, sobre o custeio da seguridade social e os benefícios da previdência social, o empregado é considerado segurado obrigatório da previdência social. Na qualidade de segurado, é sujeito passivo de obrigação tributária quanto à contribuição social (CF, art. 195, II, e LCPS, art. 20).

Todavia, apesar de ser o sujeito passivo da obrigação tributária, não está o empregado obrigado a providenciar o recolhimento de suas contribuições, encargo cometido à empresa pelo inciso I do artigo 30 da Lei do Custeio da Seguridade Social. Segundo aquele dispositivo, a empresa é obrigada a: "arrecadar as contribuições dos segurados empregados e trabalhadores avulsos a seu serviço, descontando-as da respectiva remuneração;", bem como a recolher o produto assim arrecadado. Assim, o empregador tem a obrigação tributária acessória de descontar da remuneração dos empregados a contribuição social por estes devida e fazer o recolhimento dos valores, como substituto legal tributário, na forma do art. 128 do CTN.

Quer dizer, além de recolher as suas próprias contribuições (CF, art. 195, I, e LCSS, arts. 22 e 23); ao pagar os salários, o empregador desconta da remuneração do empregado o valor correspondente à contribuição previdenciária deste e providencia o recolhimento. No caso de dirigente sindical em exercício de mandato eletivo, que mantém durante a investidura a qualidade de segurado empregado, se esta era sua condição anterior (LCSS, art. 12, § 5º), essas atribuições serão desempenhadas pela entidade sindical ou pela empresa de origem (LCSS, art. 30, § 3º, com a redação dada pela Lei nº 8.620, de 15.1.93).

No caso dos avulsos, o recolhimento pode se dar através do sindicato que intermedeia a colocação de mão-de-obra, mediante convênio com o INSS.

O fundamento desta regra é tornar operacionalmente possível e efetiva a arrecadação das contribuições dos segurados empregados, pois se isto fosse deixado ao talante do próprio empregado, certamente a maioria não faria o recolhimento.

A contribuição do empregado é calculada mediante aplicação da alíquota progressiva de 8 (oito), 9 (nove) ou 11 (onze) por cento, sobre a base de cálculo que leva o nome de salário-de-contribuição e corresponde à sua remuneração mensal (LCSS, arts. 20 c/c 28, I).

Veja-se que o conceito de empresa é ampliativo para a lei previdenciária, que assim considera tanto "a firma individual ou sociedade que assume o risco de atividade econômica urbana ou rural, com fins lucrativos ou não, bem como os órgãos e entidades da administração pública direta, indireta e fundacional;" quanto "o autônomo e equiparado em relação a segurado que lhe presta serviço, bem como a cooperativa, a associação ou entidade de qualquer natureza ou finalidade, a missão diplomática e a repartição consular de carreira estrangeira." (LCSS art. 15).

Quanto ao avulso, aplicam-se as mesmas regras, com a peculiaridade de que presta serviços a diversas empresas, às quais é cometido o encargo de proceder ao recolhimento, não podendo ser acusado do crime em estudo o dirigente sindical que faz a intermediação da mão-de-obra, em relação aos valores arrecadados dos associados, pois o crime é próprio do empresário, como adiante se verá. Nada impede, porém, que o dirigente sindical seja punido em relação às contribuições dos empregados do sindicato, para este fim equiparado à empresa.

1.5.3.2. Empregados domésticos

A contribuição do doméstico é calculada mediante a aplicação das alíquotas já mencionadas sobre o salário-de-contribuição, que no seu caso corresponde à remuneração registrada na Carteira de Trabalho e Previdência Social (LCSS, arts. 20 c/c 28, II).

A sistemática de recolhimento é assemelhada à do empregado, pois, nos termos do inciso V do art. 30 da LCSS, "o empregador doméstico está obrigado a arrecadar a contribuição do segurado empregado a seu serviço e a recolhê-la, assim como a parcela a seu cargo".

Apesar disso, será atípica a conduta do empregador doméstico que deixar de recolher a contribuição descontada de seu empregado, em virtude do § 3º do art. 95 não arrolar o empregador doméstico como autor dos crimes ali arrolados. Demais disso, a LCSS, em seu art. 15 e a LBPS, em seu art. 14, diferenciam claramente a empresa do empregador doméstico.

1.5.3.3. Empresário, facultativo, autônomo e equiparado

Os segurados destas classes têm sua contribuição calculada mediante incidência da alíquota prevista no art. 21 da LCSS sobre o salário-de-contribuição, que em seu caso corresponde a um valor arbitrado denominado "salário-base", o qual não guarda vinculação com os rendimentos efetivamente percebidos pelo segurado (LCSS, arts. 28, III, e 29). O salário-base é fixado de acordo com a escala constante do artigo 29 da LCSS, devendo o segurado sujeito a tal regramento enquadrar-se, inicialmente, na primeira classe, correspondente a um salário mínimo, da qual pode progredir até a última, obedecendo a intervalos predeterminados, chamados interstícios.

Diferentemente dos empregados, avulsos e domésticos, os empresários, autônomos e facultativos "estão obrigados a recolher sua contribuição *por iniciativa própria*", como dispõe o inciso II do art. 30 da LCSS.

Assim é que não há possibilidade de ocorrência do crime em estudo quanto a estas contribuições, ainda que haja um informal acerto para que a empresa proceda aos recolhimentos, o que é, aliás, bastante comum em relação aos empresários.

1.5.3.4. Produtor rural e pescador

O empregador rural pessoa física, o segurado especial e o pescador estão obrigados a contribuir em percentual calculado sobre a receita bruta proveniente da comercialização de sua produção, na forma do art. 25 da Lei nº 8.212/91 e do § 8º do art. 195 da CF.

Neste caso, o adquirente, o consignatário ou a cooperativa são obrigados a fazer a retenção da contribuição devida pelo produtor rural sobre a receita bruta (LCSS, art. 30, III e IV), descontando o valor do preço a ser pago pelo produto. O adquirente da produção agrícola retém dinheiro que deverá ser recolhido à seguridade social.

Excetuam-se as hipóteses de comercialização da produção diretamente pelo produtor: a) no exterior; b) diretamente no varejo, ao consumidor pessoa física; c) a outro agropecuarista equiparado a autônomo ou segurado especial (LCSS, art. 30, X). Nesse caso, a obrigação de recolher a contribuição incidente sobre a operação é do próprio produtor ou pescador.

Acrescenta-se a circunstância de que o agropecuarista equiparado a autônomo - *i.e.*, que tenha empregados - contribui, também, obrigatoriamente, sobre a escala de salários-base, enquanto o segurado especial tem a faculdade de fazê-lo, como dispõem, respectivamente, os §§ 1º e 2º do art. 25 da LCSS. Em qualquer destes casos, porém, cuida-se de contribuições próprias, que não ensejam a ocorrência do crime em exame no caso de omissão no recolhimento.

1.6. Renda mensal dos benefícios previdenciários

A renda mensal dos benefícios previdenciários guarda relação direta com os valores das contribuições dos segurados. Isso porque essa renda mensal é fixada de acordo com a incidência de um coeficiente variável -

de cinqüenta a cem por cento - sobre o chamado "salário-de-benefício", que corresponde à média aritmética simples dos "salários-de-contribuição" do segurado no período imediatamente anterior ao afastamento da atividade (LBPS, arts. 28 e 29), chamado período básico de cálculo. Salário-de-contribuição, como visto, é a base de cálculo da contribuição do segurado, a qual, para o empregado e o avulso corresponde à remuneração e para os demais segurados equivale a um valor arbitrado chamado de "salário-base". Tudo a se resumir no seguinte: é a base de cálculo das contribuições do segurado no período imediatamente anterior à concessão do benefício que irá determinar o valor desse benefício.

Pois bem, no cálculo do benefício dos segurados empregado e avulso, são considerados "os salários-de-contribuição referentes aos meses de contribuições devidas, ainda que não recolhidas pela empresa, sem prejuízo da respectiva cobrança e da aplicação das penalidades cabíveis;" (LBPS, art. 34, I). Do mesmo modo, o § 5º do artigo 33 da Lei do Custeio da Previdência Social, segundo o qual "O desconto de contribuição e de consignação legalmente autorizadas sempre se presume feito oportuna e regularmente pela empresa a isso obrigada, não lhe sendo lícito alegar omissão para se eximir do recolhimento, ficando diretamente responsável pela importância que deixou de receber ou arrecadou em desacordo com o disposto nesta Lei."

Assim é que a omissão no recolhimento das contribuições descontadas não traz ao empregado e ao avulso qualquer prejuízo direto.

A Emenda Constitucional nº 20, publicada em 16 de dezembro de 1998, porém, substituiu a tradicional locução "tempo de serviço" por "tempo de contribuição", com o objetivo principal de acabar com a contagem ficta de tempo. Quando for regulada a questão do tempo de contribuição, talvez haja alteração no entendimento exposto no parágrafo anterior, o que, no entanto, não seria razoável, já que o segurado não interfere no processo de recolhimento de sua contribuição, não devendo ser responsabilizado por fato de terceiro. De todo modo, nos termos do art. 4º da emenda "o tempo de serviço considerado pela legislação vigente para efeito de aposentadoria, cumprido até que a lei discipline a matéria, será contado como tempo de contribuição." Assim, até que seja regulamentada a matéria, mantém-se o entendimento atual.

Também o produtor rural, na qualidade de contribuinte dos valores descontados por ocasião da comercialização de sua produção, não sofre prejuízo com a omissão no recolhimento das contribuições por parte do adquirente ou consignatário.

Em se tratando de produtor rural equiparado a autônomo, seu benefício será calculado com base nos salários-de-contribuição, que correspondem, em seu caso, ao salário-base (LCSS, art. 28, III). Em outras palavras, a pessoa física que explora atividade rural com empregados está obrigada a recolher contribuições sobre o resultado da comercialização de sua produção e também "no carnê", sobre a escala de salários-base (LCSS, art. 25, § 2º). Pois bem, sobre estes valores, que devem ser recolhidos pelo próprio segurado (LCSS, art. 30, II), é que será calculado o seu benefício (LBPS, art. 34, III). Assim, a omissão no recolhimento das contribuições descontadas por parte do adquirente ou consignatário não lhe trará qualquer prejuízo, de modo que também não pode ser considerado vítima do delito.

Situação singular é vivida pelos produtores rurais e pescadores, os quais, excepcionalmente, nos termos do artigo 25 da LCSS, sejam equiparados a autônomos (com empregados - LCSS, art. 11, V, *a*) ou segurados especiais (sem empregados - LCSS, art. 11, VII) contribuem sobre a receita bruta - ou faturamento - da comercialização de sua produção, na base dois e meio por cento, mais um décimo por cento para custeio das prestações por acidente do trabalho, em cumprimento ao disposto no § 8º do artigo 195 da Constituição Federal.

O equiparado a autônomo é ainda obrigado a recolher contribuições sobre a escala de salários-base (LCSS, art. 25, § 2º).

Já o segurado especial tem a faculdade de fazê-lo (LCSS, art. 25, § 1º). Caso opte por recolher contribuições sobre a escala de salários-base, perceberá benefícios calculados na forma prevista para os demais segurados (LBPS, art. 39, II). Do contrário, terá direito apenas a aposentadoria por idade ou por invalidez, auxílio-doença, auxílio-reclusão, pensão e salário-maternidade, no valor mínimo, ou seja, igual a um salário mínimo (LBPS, art. 39, I, e parágrafo único). Isso porque, neste caso, não haverá salário-de-contribuição para o cálculo dos benefícios nos moldes usuais.

Assim, se o segurado especial contribui, voluntariamente, sobre a escala de salários-base, ou seja, "no carnê", seu benefício será calculado conforme a comprovação do recolhimento dessas contribuições, que constituem encargo próprio. Resta analisar como será determinada a concessão na segunda hipótese, ou seja, quando recolhe contribuições apenas sobre o resultado da produção.

A concessão dos benefícios concedidos na forma do inciso I do art. 39 aos segurados especiais dispensa carência (LBPS, art. 26, III), assim entendido "o número mínimo de contribuições mensais indispensáveis para que o beneficiário faça jus ao benefício." (LBPS, art. 24) Não há, de outro lado, cálculo do benefício, que é previamente fixado pela lei em um salário mínimo, pois inexistem salários-de-contribuição, em sentido estrito. Assim, bastará ao segurado comprovar "o exercício de atividade rural, ainda que de forma descontínua, no período imediatamente anterior ao requerimento do benefício, igual ao número de meses correspondentes à carência do benefício requerido" (LBPS, art. 39, I). Veja-se que o requisito é a comprovação de "atividade rural" por período igual ao da carência, e não de "carência". Deste modo, não é exigida a comprovação do recolhimento de contribuições, mas apenas do exercício de atividade rural, através dos documentos referidos no art. 106 da Lei dos Benefícios.

Resulta que, em uma ou outra das situações, a omissão no recolhimento das contribuições descontadas por parte do adquirente não gera prejuízo para o segurado produtor rural.

2. O crime de omissão no recolhimento de contribuições sociais arrecadadas

2.1. Legislação antecedente e correlata

"... os erros e as imprecisões técnicas das leis penais fiscais concorrem em grande parte para o êxito e a impunidade das condutas delituosas." (Manoel Pedro Pimentel)

Caso deixe de recolher as contribuições descontadas do segurado, o empregador estará praticando conduta incriminada desde muito antes da própria Lei nº 4.729, de 14 de julho de 1965, a chamada lei da sonegação fiscal, pois a matéria foi objeto do Decreto-Lei nº 65, de 14 de dezembro de 1937, cujo artigo 5º ostentava a seguinte redação:

"O empregador que retiver as contribuições recolhidas de seus empregados e não as recolher na época própria incorrerá nas penas do art. 331, n. 2, da Consolidação das Leis Penais, sem prejuízo das demais sanções estabelecidas neste decreto-lei."

O dispositivo consolidado acima referido previa figura que hoje corresponde à apropriação indébita, nos seguintes termos:

"É crime de furto, sujeito às mesmas penas e guardadas as disposições do artigo precedente:
(...)

2. Apropriar-se de coisa alheia que lhe houver sido confiada, ou consignada por qualquer título, com obrigação de a restituir, ou fazer dela uso determinado;"

Sobreveio o artigo 86 da Lei nº 3.807, de 26 de agosto de 1960, a antiga Lei Orgânica da Previdência Social, nesses termos:

"Art. 86. Será punida com as penas do crime de apropriação indébita a falta de recolhimento, na época própria, das contribuições e de quaisquer outras importâncias devidas às instituições de previdência social e arrecadadas dos segurados ou do público.
Parágrafo único. Para os fins deste artigo, consideram-se pessoalmente responsáveis o titular da firma individual, os sócios solidários, gerentes, diretores ou administradores das empresas incluídas no regime desta lei."

O crime de apropriação indébita estava à época, como até hoje, previsto no art. 168 do Código Penal, com a seguinte redação:

"Apropriar-se de coisa alheia móvel, de que tem a posse ou detenção:
Pena - reclusão, de 1 (um) a 4 (quatro) anos, e multa."

A seguir, o Decreto-Lei nº 66, de 21 de novembro de 1966 modificou a redação do artigo 155 da LOPS, que passou a apresentar-se com os seguintes contornos:

"Art. 155. Constituem crime:
I - de sonegação fiscal, na forma da Lei n. 4.739, de 15 de julho de 1965, deixar de:
a) incluir, na folha de pagamento dos salários, empregados sujeitos ao desconto das contribuições previstas nesta lei, conforme determinação do item I do artigo 80;

b) lançar, em títulos próprios de sua escrituração mercantil, cada mês, o montante das quantias descontadas de seus empregados e o da correspondente contribuição da empresa, conforme estabelece o item II do artigo 80;
c) escriturar nos livros e elementos discriminativos próprios as quantias recolhidas a título de 'Quota de Previdência' dos respectivos contribuintes.
II - de apropriação indébita, definido no art. 168 do CP, além dos atos previstos no art. 86, a falta de pagamento do salário-família aos empregados, quando as respectivas quotas tiverem sido reembolsadas à empresa pela previdência social;
III - de falsidade ideológica, definido no artigo 299 do Código Penal, inserir ou fazer inserir:
a) nas folhas de pagamento a que se refere o item I do artigo 80, pessoas que não possuam, efetivamente, a condição de segurado;
b) na carteira profissional de empregado, declaração falsa ou diversa da que deveria ser escrita;
c) em quaisquer atestados necessários à concessão ou pagamento de prestações aos beneficiários da previdência social declaração falsa ou diversa da que devia ser escrita.
IV - de estelionato, definido no artigo 171 do Código Penal:
a) receber ou tentar receber, dolosamente, qualquer prestação de benefício da previdência social;
b) praticar qualquer ato que acarrete prejuízo à previdência social visando a usufruir vantagens ilícitas;
c) emitir e apresentar, para pagamento pela previdência social fatura de serviços não executados ou não prestados."

Ainda que evidente a ociosidade de disposição regulamentar em matéria penal, salvo como complementação de norma penal em branco, parece conveniente no capítulo em que se arrolam os antecedentes legislativos da matéria transcrever os dispositivos pertinentes constantes das Consolidações das Leis da Previdência Social, expedidas conforme determinado pelo art. 6º da Lei nº 6.243, de 24 de setembro de 1975, e consubstanciadas nos Decretos nºs 77.077, de 24 de janeiro de 1976, e 89.312, de 23 de janeiro de 1984. Estas compilações constituíram um notável esforço de sistematização da legislação esparsa sobre matéria previdenciária, cuidando-se de produções legislativas elaboradas com esmero, em geral sem extrapolar de sua função regulamentar.

Na primeira Consolidação tratam da matéria em estudo os artigos 149 e 224, adiante transcritos:

"Art. 149. A falta de recolhimento, na época própria, de contribuição ou outra importância devida ao INPS e arrecadada dos segurados ou do público será punida com as penas do crime de apropriação indébita.

Parágrafo único. Para os fins deste artigo, consideram-se pessoalmente responsáveis o titular da firma individual, sócios solidários, gerentes diretores ou administradores da empresa abrangida pelo regime desta Consolidação."

"Art. 224. Constitui crime:

I - de sonegação fiscal, como definido na Lei 4.729, de 14 de julho de 1965, a empresa deixar de:

a) incluir na folha de pagamento dos salários empregado sujeito ao desconto das contribuições estabelecidas nesta Consolidação;

b) lançar mensalmente em títulos próprios de sua escrituração mercantil o montante das quantias descontadas de seus empregados e o da correspondente contribuição da empresa;

c) escriturar, nos livros e elementos discriminativos próprios, as quantias recolhidas a título de cota da previdência dos respectivos contribuintes;

II - de apropriação indébita, como definido no Código Penal, além do previsto no artigo 149 desta Consolidação, a falta de pagamento do salário-família aos empregados quando as respectivas cotas tiverem sido reembolsadas à empresa pelo INPS;
III - de falsidade ideológica, como definido no Código Penal, inserir ou fazer inserir:
a) em folha de pagamento, pessoa que não possua efetivamente condição de segurado;
b) em Carteira de Trabalho e Previdência Social de empregado, declaração falsa ou diversa da que devia ser escrita;
c) em qualquer atestado necessário à concessão ou pagamento de prestação, declaração falsa ou diversa da que devia ser escrita;
IV - de estelionato, como definido no Código Penal:
a) receber ou tentar receber, dolosamente, qualquer prestação do INPS;
b) praticar ato que acarrete prejuízo ao INPS, visando a usufruir vantagens ilícitas;
c) emitir e apresentar, para pagamento pelo INPS, fatura de serviços não executados ou não prestados."

Na segunda consolidação, vale transcrever os artigos 146, 217, § 2º e 222, como segue:

"Art. 146. A falta de recolhimento, na época própria, de contribuição ou outra importância devida a previdência social e arrecadada dos segurados ou do público é punida com a pena do crime de apropriação indébita, considerando-se pessoalmente responsáveis o titular da firma individual e os sócios solidários, gerentes, diretores ou administradores de empresa abrangida pela previdência social urbana."

"Art. 217. A arrecadação da receita e o pagamento dos encargos da previdência social urbana são realizados, quando possível, através da rede bancária, oficial ou privada, mediante convênio nos termos e condições estabelecidos pelo Banco Central do Brasil.

§ 2º O convênio de que trata o § 1º deve estabelecer o prazo para transferência das contribuições previdenciárias recolhidas por intermédio do sindicato, e sua inobservância, além de caracterizar o crime de apropriação indébita, sujeita o faltoso ao pagamento da multa, juros de mora e correção monetária previstos no artigo 143, nas mesmas condições das contribuições devidas pelas empresas."

"Art. 222. Constitui crime:

I - de sonegação fiscal, a empresa deixar de:

a) incluir na folha de pagamento dos salários empregado sujeito ao desconto das contribuições previdenciárias;

b) lançar mensalmente em títulos próprios de sua contabilidade o montante das quantias descontadas dos seus empregados e o da correspondente contribuição da empresa;

c) escriturar nos livros e elementos discriminativos próprios as quantias arrecadadas a título de cota de previdência.

II - de apropriação indébita, além do previsto nos artigos 146 e 217, § 2º, a falta de pagamento do salário-família ao empregado quando as respectivas cotas foram reembolsadas à empresa;

III - de falsidade ideológica, inserir ou fazer inserir:

a) na folha de pagamento de salários, pessoa que não possui a qualidade de segurado;

b) na Carteira de Trabalho e Previdência Social do empregado, declaração falsa ou diversa da que devia ser escrita;

c) em atestado necessário à concessão ou pagamento de prestação, declaração falsa ou diversa da que devia ser escrita;

IV - de estelionato:
a) recebe ou tentar receber dolosamente prestação de entidade do SINPAS;
b) praticar ato que acarreta prejuízo a entidade do SINPAS, para usufruir vantagem ilícita;
c) emitir e apresentar, para pagamento por entidade do SINPAS, fatura de serviço não prestado."

Merece destaque, ainda, dispositivo correlato relativo a tributos federais consubstanciado no art. 11 da Lei nº 4.357, de 16 de julho de 1964, com o seguinte teor:

"Art. 11. Inclui-se entre os fatos constitutivos do crime de apropriação indébita, definido no artigo 168 do Código Penal, o não-recolhimento, dentro de 90 (noventa) dias do término dos prazos legais:
a) das importâncias do Imposto de Renda, seus adicionais e empréstimos compulsórios, descontados pelas fontes pagadoras de rendimentos;
b) do valor do Imposto de Consumo indevidamente creditado nos livros de registro de matérias-primas (modelos 21 e 21-A do regulamento do Imposto de Consumo) e deduzido de recolhimentos quinzenais, referente a notas fiscais que não correspondam a uma efetiva operação de compra e venda ou que tenham sido emitidas em nome de firma ou sociedade inexistente ou fictícia;
c) do valor do Imposto do Selo recebido de terceiros pelos estabelecimentos sujeitos ao regime de verba especial.
§ 1º O fato deixa de ser punível, se o contribuinte ou fonte retentora, recolher os débitos previstos neste artigo antes da decisão administrativa de primeira instância no respectivo processo fiscal.
§ 2º Extingue-se a punibilidade do crime de que trata este artigo, pela existência, à data da apuração da falta, de crédito do infrator, perante a Fazenda nacional, autarquias federais e sociedade de econo-

mia mista em que a União seja majoritária, de importância superior aos tributos não recolhidos, excetuados os créditos restituíveis nos termos da Lei 4.155, de 28 de novembro de 1962.

§ 3º Nos casos previstos neste artigo, a ação penal será iniciada por meio de representação da Procuradoria da República, à qual a autoridade julgadora de primeira instância é obrigada a encaminhar as peças principais do feito, destinadas a comprovar a existência de crime, logo após a decisão final condenatória proferida na esfera administrativa.

§ 4º Quando a infração for cometida por sociedade, responderão por ela seus diretores, administradores, gerentes ou empregados cuja responsabilidade no crime for apurada em processo regular. Tratando-se de sociedade estrangeira, a responsabilidade será apurada entre seus representantes, dirigentes e empregados no Brasil."

Chama a atenção que o crime previsto na alínea *b*, acima, apresenta como elementar a fraude consistente na inexistência efetiva da operação de venda, em verdadeira sonegação fiscal. De destacar ainda a previsão de extinção da punibilidade contida nos §§ 1º e 2º e a regra sobre a responsabilidade, objeto do § 4º.

Na mesma linha o art. 2º do Decreto-Lei nº 326, de 8 de maio de 1967, *verbis*:

"Art. 2º. A utilização do produto da cobrança do imposto sobre produtos industrializados em fim diverso do recolhimento do tributo constitui crime de apropriação indébita definido no artigo 168 do Código Penal, imputável aos responsáveis legais da firma, salvo se pago o débito espontaneamente, ou quando instaurado o processo fiscal, antes da decisão administrativa de primeira instância.

Parágrafo único. A ação penal será iniciada por meio de representação da Procuradoria da República, à qual a autoridade de primeira instância é obrigada a encaminhar as peças principais do feito, destinadas a comprovar a existência do crime, logo após decisão final condenatória proferida na esfera administrativa."

Merece destaque a circunstância de que o crime, de acordo com o dispositivo transcrito, exigia o desvio, a utilização do produto da cobrança em fim diverso do recolhimento, o que não mais é necessário, pela disciplina atual.

Ainda como dispositivo correlato pode ser lembrado o parágrafo único do art. 545 da Consolidação das Leis do Trabalho (Decreto-Lei nº 5.452, de 1º de maio de 1943), com a redação dada pelo Decreto-Lei nº 925, de 10 de outubro de 1969:

"Art. 545. Os empregadores ficam obrigados a descontar na folha de pagamento dos seus empregados, desde que por eles devidamente autorizados, as contribuições devidas ao Sindicato, quando por este notificados, salvo quanto à contribuição sindical, cujo desconto independe dessas formalidades.

Parágrafo único. O recolhimento à entidade sindical beneficiária do importe descontado deverá ser feito até o décimo dia subseqüente ao do desconto, sob pena de juros de mora no valor de 10% (dez por cento) sobre o montante retido, sem prejuízo da multa prevista no art. 553 e das cominações penais relativas à apropriação indébita."

Merece registro, também, o § 2º do art. 2º do Decreto-Lei nº 1.060, de 21 de outubro de 1969, com a redação dada pelo Decreto-Lei nº 1.104, de 30 de abril de 1970, assim redigido:

" Art. 2º...

§1º...

§ 2º Considera-se depositário para todos os efeitos, aquele que detenha, por força de lei, valor correspondente a tributos descontados ou recebidos de terceiros, com a obrigação de os recolher aos cofres da Fazenda Nacional."

Com o advento da Lei nº 8.137, de 27 de dezembro de 1990, a qual definiu os crimes contra a ordem tributária, econômica e contra as relações de consumo, deu-se a revogação tácita da legislação anterior, pois a matéria foi inteiramente regulada no novo diploma (LICC, art. 2º, § 1º). Segundo a nova lei, constitui crime contra a ordem tributária "deixar de recolher, no prazo legal, valor de tributo ou de contribuição social, descontado ou cobrado, na qualidade de sujeito passivo de obrigação e que deveria recolher aos cofres públicos" (art. 2º, II c/c art. 1º, *caput*). A pena passou a ser de detenção, de seis meses a dois anos, cumulada com multa. Como o delito é estruturalmente assemelhado àquele previsto na alínea *d* do art. 95 da Lei nº 8.212/91, a produção doutrinária e jurisprudencial a respeito serve de subsídio para o estudo específico da omissão no recolhimento de contribuições sociais descontadas.

Atualmente, caso a omissão se verifique em relação a contribuições previdenciárias, a norma penal incriminadora é a alínea *d* do artigo 95 da Lei nº 8.212/91, segundo a qual "Constitui crime: (...) d) deixar de recolher, na época própria, contribuição ou outra importância devida à Seguridade Social e arrecadada dos segurados ou do público." A pena vem estabelecida no § 1º: "No caso dos crimes caracterizados nas alíneas *d*, e *f* deste artigo, a pena será aquela estabelecida no art. 5º da Lei nº 7.492, de 16 de junho de 1986, aplicando-se à espécie as disposições constantes dos arts. 26, 27, 30, 31 e 33 do citado diploma legal." Com isso, a pena para o delito em questão passou a ser de reclusão, de dois a seis anos, além da multa, conforme previsto no art. 5º da Lei nº 7.492/86, que trata da apropriação no âmbito do sistema financeiro nacional. A regra especial da alínea *d* do art. 95

da Lei nº 8.212/91 afasta a aplicação da regra geral da Lei nº 8.137/90.

Esta é a lei a ser aplicada aos fatos ocorridos a partir de 25 de julho de 1991, data de sua publicação e entrada em vigor. Vale lembrar que o Código Penal - aplicável ao caso por força de seu artigo 12 - adota expressamente a teoria da atividade quanto ao tempo do crime, uma vez que o artigo 4º dispõe que "Considera-se praticado o crime no momento da ação ou omissão, ainda que outro seja o momento do resultado." Ou seja, a lei atual é aplicável aos casos em que omitido o recolhimento das contribuições de agosto de 1991, referentes à competência de julho.

No anteprojeto de lei de reforma da parte especial do Código Penal elaborado pela Comissão presidida pelo Min. Luiz Vicente Cernicchiaro, a matéria é trazida para o bojo do Código Penal, no art. 377, inserido no capítulo I (Dos Crimes Contra a Ordem Tributária). Louvável a redução da pena para um a quatro anos, ficando idêntica a sanção para a omissão no recolhimento de quaisquer tributos, "retidos, descontados ou cobrados", com a obrigação de recolher aos cofres públicos. Com razão, Marco Aurélio Costa Moreira de Oliveira ao afirmar que "... só o fato de passarem para o Código Penal as normas relativas a crimes contra o sistema tributário, como vêm definidas pelo anteprojeto, assegura que sua interpretação estará sempre baseada nos princípios fundamentais constantes da Parte Geral."[9]

2.2. Legislação estrangeira

Como subsídio para a interpretação do ordenamento brasileiro na matéria, é interessante um estudo com-

---

[9] OLIVEIRA, Marco Aurélio Costa Moreira de. "Crimes contra o Sistema Tributário" In: Seminário Reforma do Código Penal, Comissão de Constituição e Justiça, Assembléia Legislativa do RS, p. 193.

parativo sobre a questão, a fim de verificar eventuais semelhanças ou diferenças com o sistema pátrio, inclusive com a finalidade de ofertar sugestões para o seu aperfeiçoamento. É o que se procurou fazer nas páginas que seguem.

2.2.1. Alemanha

De acordo com Rosário de Vicente Martínez, em tradução livre: "Na República Federal da Alemanha a conduta de não pagamento da cota do trabalhador é reprimida desde 1892 na Lei de Seguridade Social. No ano de 1986, com a aprovação da segunda Lei de Repressão da Delinqüência Econômica ('Das Zweite Gesetz zur Bekämpfund der Wirtschaftskriminalität'- 2. WiKG) se incorpora ao Código Penal o delito de omissão de ingresso das cotas de Seguridade Social por parte do empresário (parágrafo 266 a do Código Penal 'Strafgesetzbuch: Vorenthalten und Veruntreuen von Arbeitsentgelt'), conduta castigada com pena privativa de liberdade até cinco anos ou multa, entendendo por não pagamento a não transferência em sua totalidade das cotas do trabalhador quando chegada a data do vencimento."[10] Todavia, o Juiz poderá deixar de aplicar a pena se o empresário comunica por escrito o montante da quantia retida e as razões da omissão no recolhimento.

2.2.2 Argentina

Na vizinha nação argentina, o fato é punido de acordo com o artigo 9º da Lei nº 24.769, publicada em 15 de janeiro de 1997, assim vazado:

"Apropriación indebida de recursos de la seguridad social.
Art. 9º - Será reprimido com prision de dos a seis años, el agente de retención de aportes del sistema

---

[10] MARTÍNEZ, Rosário de Vicente. *Crimes contra la Seguridad Social*, p. 89.

de seguridad social nacional que no depositare, total o parcialmente, dentro de los diez dias hábiles administrativos de vencido el plazo de ingreso, los importes retenidos, siempre que el monto no ingresado superase la suma de cinco mil pesos ($5.000) por cada período"[11]

Interessante observar os seguintes pontos: a) o delito é chamado de apropriação indébita, embora o tipo a ele não se assemelhe; b) a estrutura do crime é assemelhada à brasileira; c) a pena é idêntica à prevista na legislação pátria; d) há um limite mínimo de valor imposto no próprio tipo.

2.2.3. Espanha

A matéria era objeto do art. 349bis do Código Penal anterior, estando atualmente disciplinada no art. 307 do Código Penal, assim redigido:

"307. 1. El que, por acción u omisión, defraude a la Seguridad Social para eludir el pago de las cuotas de ésta y conceptos de recaudación conjunta, obtener indebidamente devoluciones de las mismas o disfrutar de deducciones por cualquier concepto asimismo de forma indebida y con ánimo fraudulento, siempre que la cuantía de las cuotas defraudadas o de las devoluciones o deducciones indebidas exceda de quince millones de pesetas será castigado con la pena de prisión de uno a quatro años y multa del tanto al séxtuplo de la citada cuantia.

---

[11] Em tradução livre: "Apropriação indébita de recursos da Seguridade Social.
Art. 9º. Será reprimido com prisão de dois a seis anos, o agente de retenção de valores do sistema de seguridade social nacional que não depositar, total ou parcialmente, dentro de dez dias úteis do vencimento do prazo de ingresso, os valores retidos, sempre que o montante não-recolhido superar a soma de cinco mil pesos ($5.000) por cada período."

Las penas señaladas en el párrafo anterior se aplicarán en su mitad superior cuando la defraudación se cometa concurriendo alguna de las circunstancias siquientes:
a) La utilización de persona o personas interpuestas de manera que quede oculta la identidad del verdadero obligado frente a la Seguridad Social.
b) La especial trascendencia y gravedad de la defraudación atendiendo al importe de lo defraudado o a la existencia de una estructura organizativa que afecte o pueda afectar a una pluralidad de obligados frente a la Seguridad Social.
2. A los efectos de determinar la cuantía mencionada en el apartado anterior, se estará a lo defraudado en cada liquidación, devolución o deducción, refiriéndose al año natural el importe de lo defraudado cuando aquéllas correspondan a un peíodo inferior a doce meses.
3. Quedará exento de responsabilidad penal el que regularice su situación ante la Seguridad Social, en relación com las deudas a que se refiere el apartado primero de este artículo, antes de que se le haya notificado la iniciación de actuaciones inspectoras dirigidas a la determinación de dichas deudas o, en caso de que tales actuaciones no se hubieran producido, antes de que el Ministerio Fiscal o el Letrado de la Seguridad Social interponga querella o denuncia contra áquel dirigida.
La exención de responsabilidad penal contemplada en el párrafo anterior alcanzará igualmente a dicho sujeto por las posibles falsedades instrumentales que, exclusivamente en relación a la deuda objeto de regularización, el mismo pudiera haber cometido com carácter previo a la regularización de su situación (196)."

Como o tipo não especifica a que "cotas" se refere, se somente às patronais ou também às dos empregados,

Rosario de Vicente Martinez sustenta que não foi modificada a situação anterior, ou seja, quando se tratar de contribuições dos trabalhadores, o fato constitui o delito de apropriação indébita previsto no artigo 252 do Código Penal.[12] Em sentido contrário se manifesta Valle Muñiz, ao argumento de que o delito está previsto para os tributos em geral, no art. 305, e que o art. 307 não distingue entre cota do trabalhador e patronal.[13]

Interessante observar a existência do delito de omissão no recolhimento, à parte da apropriação indébita, em relação aos tributos em geral, como se vê pela leitura do art. 305, adiante transcrito, sem grifos no original:

"305.1. El que por acción u omisión, defraude a la Hacienda Pública estatal, autonómica, foral o local, eludiendo el pago de tributos, *cantidades retenidas o que se hubieran debido retener* o ingresos a cuenta de retribuiciones en especie obteniendo indebidamente devoluciones o disfrutando beneficios fiscales de la misma forma, siempre que la cuantía de la cuota defraudada, el importe no ingresado de las retenciones o ingresos a cuenta o de las devoluciones o beneficios fiscales indebidamente obtenidos o disfrutados exceda de quince millones de pesetas, será castigado con la pena de prisión de uno a quatro años y multa de tanto al séxtuplo de la citada cuantía.

Las penas señaladas en el párrafo anterior se aplicarán en su mitad superior cuando la defraudación se cometiere concurriendo alguna de las circunstancias siguientes:

a) La utilización de persona o personas interpuestas de manera que quede oculta la identidad del verdadero obligado tributario.

---

[12] MARTINEZ, Rosário de Vicente. *Los Delitos contra La Seguridad Social en El Código Penal de la Democracia.*, p. 71.

[13] VALLE MUÑIZ, José Manuel. *Comentarios a la Parte Especial del Derecho Penal.*

b) La especial trascendencia y gravedad de la defraudación atendiendo al importe de lo defraudado o a la existencia de una estructura organizativa que afecte o pueda afectar a una pluralidad de obligados tributarios.

Además de las penas señaladas, se impondrá al responsable la pérdida de la posibilidad de obtener subvenciones o ayudas públicas y del derecho a gozar de beneficios o incentivos fiscales o de la Seguridad Social durante un período de tres a seis años."

2.2.4. França

A matéria é objeto do Código de Seguridade Social, veiculado pelo Decreto de 17 de dezembro de 1985. Segundo Rosário de Vicente Martínez, esta legislação prevê o delito de retenção indevida dos descontos, com pena de 10 dias a um mês de prisão e/ou multa de 2.500 a 5.000 francos. De acordo com a penalista espanhola, pela legislação francesa, "o só fato da falta de pagamento das cotas descontadas é constitutivo do delito, nem a intenção fraudulenta nem o desvio das somas descontadas são condições para a repressão penal."[14]

2.2.5. Peru

No Peru, a questão é tratada no Decreto Legislativo nº 813, que veiculou a Lei Penal Tributária. O diploma, estabelece como modalidade de defraudação tributária: "No entregar al acreedor tributario el monto de las retenciones o percepciones de tributos que se hubieren efectuado, dentro del plazo que para hacerlo fijen las leyes y regulamentos pertinentes."[15] (art. 2º, b). O dispo-

---

[14] MARTÍNEZ, Rosário de Vicente. *Delitos contra La Seguridad Social*, p. 82.

[15] Em tradução livre: "Não entregar ao credor tributário o montante das retenções ou recebimentos de tributos que houverem sido efetuados, dentro do prazo fixado para fazê-lo pelas leis e regulamentos pertinentes."

sitivo deve, porém, ser lido em conjunto com o art. 1º, pelo qual "El que, en provecho próprio o de un tercero, valiéndose de cualquier artificio, engaño, astucia, ardil o otra forma fraudulenta, deja de pagar en todo o en parte los tributos que establecen las leyes, será reprimido com pena privativa de libertad no menor de cinco ni mayor de ocho años."[16]

A interpretação conjunta autoriza a conclusão de que a punição somente é possível quando presente a fraude na conduta.

2.2.6. Portugal

Na nação portuguesa o fato é punido de acordo com o artigo 24 do Decreto-Lei nº 20-A/90, de 15 de janeiro, que trata das infrações fiscais não aduaneiras, que se apresenta com os seguintes contornos, com a redação dada pelo Decreto-Lei nº 394/93, de 24 de Novembro:

"Artigo 24º. (Abuso de confiança fiscal)
1. Quem se apropriar, total ou parcialmente, de prestação tributária deduzida nos termos da lei e que estava legalmente obrigado a entregar ao credor tributário será punido com pena de prisão até três anos ou multa não inferior ao valor da prestação em falta nem superior ao dobro sem que possa ultrapassar o limite máximo abstractamente estabelecido.
2. Para os efeitos do disposto no número anterior, considera-se também prestação tributária a que foi deduzida por conta daquela, bem como aquela que, tendo sido recebida, haja obrigação legal de a liquidar, nos casos em que a lei o preveja.

---

[16] Em tradução livre: "Aquele que, em proveito próprio ou de terceiro, valendo-se de qualquer artifício, engano, astúcia, ardil ou outra forma fraudulenta, deixa de pagar no todo ou em parte os tributos que estabelecem as leis, será reprimido com pena privativa de liberdade não menor de cinco nem maior de oito anos."

3. É aplicável o disposto no número anterior ainda que a prestação deduzida tenha natureza parafiscal e desde que possa ser entregue autonomamente.

4. Se no caso previsto nos números anteriores a entrega não efectuada for inferior a 250.000$, o agente será punido com multa de até 120 dias.

5. Se nos casos previstos nos números anteriores a entrega não efectuada for superior a 5.000.000$, o crime será punido com prisão de um até cinco anos.

6. Para instauração do procedimento criminal pelos factos previstos nos números anteriores é necessário que tenham decorrido 90 dias sobre o termo do prazo legal de entrega da prestação."

2.2.7. Uruguai

A Lei 11.496, de 27 de setembro de 1959, estabelece que "Los patronos que no viertan los aportes descontados a sus obreros y empleados, dentro del término previsto por el art. 11 de la ley 6962, incurrirán en el delito de apropiación indebida."[17] Segundo o artigo 351 do Código Penal Uruguaio, a apropriação indébita se dá quando o agente "que se apropriare, convirtiéndolo en su provecho o en el de un tercero, dinero u outra cosa mueble, que le hubiera sido confiado o entregada por cualquier título que importare obligación de restituírla o de hacer un uso determinado de ella ...".[18]

Como se vê, exige-se a presença do elemento subjetivo do tipo.

---

[17] Em tradução livre: "Os patrões que não vertam os valores descontados de seus trabalhadores e empregados, dentro do término do prazo previsto no art. 11 da Lei 6.962, incorrerão no delito de apropriação indébita."

[18] Em tradução livre: "se apropria, convertendo em seu proveito ou em proveito de um terceiro, dinheiro ou outra coisa móvel, que lhe tenha sido confiada a qualquer título que importe obrigação de restituí-la ou de fazer um uso determinado dela."

2.2.8. Venezuela

A matéria é objeto dos artigos 99 a 102 do Código Orgânico Tributário. Dentre estes, destaca-se o art. 102, ao estabelecer que "El agente de retención o de percepción que no entere los tributos retenidos o percibidos, dentro del término de tres (3) meses contados desde la fecha en que há debido enterar el tributo, será penado con prisión entre seis (6) meses y tres (3) años..."[19]

2.3. Objeto jurídico

"El delito recogido en el art. 307 lesiona el sistema recaudatorio de la Seguridad Social y se caracteriza por romper el equilibrio presupuestario de la Tesorería General de la Seguridad Social, privándole a la misma de una parte de sus recursos. Si se quiere defender una Seguridad Social pública, es evidente, que no se podia permanecer indiferente ante el fraude que, en proporciones crecientes, está erosionando el sistema y sumergiéndolo en una permanente crisis." (Rosário de Vicente Martínez)

O objeto jurídico protegido é a seguridade social, acima examinada, ou seja "o conjunto integrado de ações de iniciativa dos Poderes Públicos e da sociedade, destinadas a assegurar os direitos relativos à saúde, à previdência e à assistência social." Secundariamente, tutela-se, também, a ordem tributária, pois às contribuições sociais - que têm sua natureza tributária discutida - aplicam-se as normas gerais da legislação tributária (CF, arts. 149 e 146, III).

---

[19] Em tradução livre: "O agente de retenção ou pagamento que não recolher os tributos retidos ou recebidos, dentro do prazo de 3 (três) meses contados da data em que deveria ter sido recolhido o tributo, será penalizado com prisão de 6 (seis) meses a 3 (três) anos..."

O próprio Supremo Tribunal Federal já afirmou que o tipo penal em questão "tutela a subsistência financeira da previdência social." (HC 76.978-1-RS, Rel. Min. Maurício Correa, 2ª T., un., DJU 19.2.99, p. 27). A seu turno, o Tribunal Regional Federal da 4ª Região asseverou que no crime em tela "o bem jurídico tutelado não é o patrimônio, mas, sim, o interesse ao tempestivo e integral funcionamento do sistema previdenciário ou, nos termos da lei, a ordem tributária." (Ap. Crim. nº 94.0443920-7/RS, Rel. Juiz Dória Furquim, 2ª T., DJU 10.5.95, p. 27.955).

Efetivamente, como visto acima, a seguridade social carece de recursos para a efetivação de suas políticas, os quais são arrecadados através de tributos com finalidade específica - as contribuições sociais - e dos canais gerais de arrecadação - os impostos. Assim, protege-se tanto o aspecto patrimonial quanto aquele ligado aos fins com que o Estado arrecada. Para Rodrigo Sánchez Rios, com apoio em Claus Roxin, "...a legitimação do Estado se dará também através da tutela das prestações públicas como objetivos de organização política, social e econômica estabelecidas na Constituição. Estas prestações públicas terão como finalidade possibilitar existência digna ao cidadão. Desta forma, torna-se lícito punir o fato de obstaculizar ao Estado o cumprimento de suas funções de prestação de serviços. O Direito penal passa pois a tutelar "funções", reforçando penalmente valores coletivos (como o ambiente, a saúde, a ordem econômica, etc.)."[20]

Indiretamente, também resta protegida a ordem econômica, tanto no aspecto tributário-arrecadatório da seguridade quanto no da preservação da livre concorrência, pois o delito afeta o potencial competitivo das empresas que cumprem suas obrigações sociais, coloca-

---

[20] RIOS, Rodrigo Sánchez. *O Crime Fiscal*, p. 41.

das em situação de desvantagem frente àquelas que omitem o recolhimento dos tributos arrecadados.[21]

Cuida-se de bem jurídico constitucionalmente assegurado, a merecer proteção penal, legitimamente.

2.4. Sujeito Ativo

"O 'white collar crime' deve ser combatido com firmeza e decisão, sem concessões em razão da pessoa, da sua posição social, do seu prestígio político e econômico." (Manoel Pedro Pimentel)

2.4.1. Crime próprio

Cuida-se de crime próprio, assim entendido aquele que "só pode ser cometido por uma determinada categoria de pessoas, pois pressupõe no agente uma particular condição ou qualidade pessoal" em oposição ao crime comum, "que pode ser praticado por qualquer pessoa".[22]

O delito em exame somente pode ser cometido pelas pessoas arroladas no § 3º do artigo 95 da Lei nº 8.212/91, pelo qual "Consideram-se pessoalmente responsáveis pelos crimes acima caracterizados o titular de firma individual, os sócios solidários, gerentes, diretores ou administradores que participem ou tenham participado da gestão de empresa beneficiada, assim como o segurado que tenha obtido vantagens."

Empresa, no conceito ampliativo da lei, é "a firma individual ou sociedade que assume o risco de atividade econômica urbana ou rural, com fins lucrativos ou não, bem como os órgãos e entidades da administração pública direta, indireta e fundacional. (LCSS, art. 15, I, e LBPS, art. 14, I). Por extensão, considera-se empresa, para os efeitos da lei "o autônomo e equiparado em relação ao

---

[21] MUÑOZ CONDE, Francisco. *Derecho Penal, Parte Especial*, p. 909.

[22] JESUS, Damásio Evangelista de. *Direito Penal*, p. 166.

segurado que lhe presta serviço, bem como a cooperativa, a associação ou entidade de qualquer natureza ou finalidade, a missão diplomática e a repartição consular de carreira estrangeiras." (LCSS, art. 15 e LBPS, art. 14, parágrafo único).

Como se vê, o conceito legal de empresa é ampliativo, pretendendo abarcar toda e qualquer pessoa física ou jurídica, bem como entes desprovidos de personalidade própria, desde que contratem empregados. Em que pese não haja expressa menção da lei, também a sociedade de fato deve ser considerada como tal. A exceção fica por conta do empregador doméstico, objeto do inciso II dos dispositivos retromencionados. Da distinção se retira que o empregador doméstico que deixar de recolher as contribuições descontadas de seu empregado não cometerá o delito em exame, por lhe faltar a especial condição exigida pela lei. O mesmo vale para o síndico do condomínio de apartamentos, pois seus empregados são considerados domésticos. Também o dirigente sindical de entidade que intermedia mão-de-obra portuária de trabalhadores avulsos não poderá ser responsabilizado em relação às contribuições descontadas dos associados, mas apenas dos empregados do sindicato. Em caso de contrato de prestação de serviços, responde o administrador da empresa prestadora, e não o da tomadora.

À míngua de previsão legal, não há que falar em responsabilização penal da pessoa jurídica na matéria. Em que pese o delito em questão ocorra, geralmente, no âmbito de uma empresa, maiores questionamentos a respeito refogem aos limites deste trabalho.

Firma individual é a "firma adotada individualmente pela pessoa para uso em seu comércio", em oposição à "firma social ou razão social, própria aos nomes comerciais das sociedades mercantis."[23]

---

[23] SILVA, De Plácido e. *Vocabulário Jurídico*, p. 361.

Sócio solidário é todo aquele que responde de forma solidária e ilimitada pelas obrigações sociais, de acordo com as leis comerciais.

A expressão *gerente* aqui poderá designar tanto o sócio-gerente, encarregado da administração, quanto o empregado assim designado, desde que tenha poderes de gestão da empresa ou de uma filial, com domínio sobre a ocorrência do fato. No caso do empregado, porém, deverá ser verificado se detinha o poder de decidir sobre a omissão criminosa, o que usualmente não ocorre, até porque o fato se dá em proveito da empresa. É comum que o empregado cometa crimes em proveito próprio, lesando a empresa e terceiros. Não é comum, porém, que o empregado, por iniciativa própria, assuma o risco do delito em favor da empresa. As mais das vezes o empregado aparecerá como autor material, sem o domínio finalístico da ação.

Diretor é o administrador da sociedade anônima (Lei nº 6.404/76, art. 143), que poderá ser acionista ou não. Figura importante aqui será a do Diretor Financeiro. Segundo Costa Jr., os diretores poderão responder por omissão em caso de administração colegiada, quando não agirem para impedir a ocorrência do delito engendrado por outro administrador. Isso porque o dever de lealdade imposto ao administrador pelo art. 155 da Lei nº 6.404/76 "implica, sem dúvida, na linguagem do art. 13, § 2º, do Código Penal, a obrigação de cuidado, proteção ou vigilância", de resto imposta pelo § 1º do art. 158 da Lei das Sociedades Anônimas, segundo o qual o administrador responde por atos ilícitos praticados por outros administradores "se com eles for conivente, se negligenciar em descobri-los ou se, deles tendo conhecimento, deixar de agir para impedir sua prática." A responsabilização penal pressupõe, porém a possibilidade concreta de impedir o resultado.[24]

---

[24] COSTA JÚNIOR, Paulo José da. *Direito Penal Societário*, p. 20.

Por fim, a lei arrola o "administrador", termo genérico que abrange qualquer pessoa física com poder de mando na empresa ou entidade a ela equiparada, como, por exemplo, aquele que administra a empresa por delegação do sócio-gerente, como procurador, na forma do art. 13 do D. 3.708/19, o administrador de fato, o interventor nomeado por órgão público em caso de serviço concedido, etc. Inclui-se aqui o "administrador oculto" de que dá notícia Costa Jr. ao mencionar sociedades "cujos diretores oficialmente em exercício nada mais são que dóceis instrumentos em mãos de indivíduos que preferem permanecer na penumbra: um sócio ou um grupo de sócios que, possuindo a totalidade ou quase-totalidade de ações, entende poder dispor da sociedade como se fosse coisa própria."[25] Diante do termo por último referido, poderá, em tese, responder pelo delito em questão toda e qualquer pessoa que participe ou tenha participado da gestão da empresa ao tempo dos fatos. Para Edmar Oliveira Andrade Filho, poderá ser responsabilizado, genericamente, o "empresário".[26]

Nessa linha, o Tribunal Regional Federal da 4ª Região entendeu, em hipótese na qual a massa falida tinha empregados em atividade, que podia "... ser o síndico penalmente responsabilizado, uma vez comprovado, através do procedimento fiscal realizado pela autarquia, o não repasse para a previdência das importâncias retidas dos salários dos empregados."[27] Não pode cometer o delito "o comissário na concordata preventiva, porque esse estado não retira dos antigos proprietários ou seus procuradores a administração da sociedade",[28] nos termos do art. 169 do D.L. 7.661, de 21 de junho de 1945.

---

[25] Ob. cit., p. 26.
[26] ANDRADE FILHO, Edmar Oliveira, *Direito Penal Tributário*, p. 63.
[27] HC 94.04.50867-PR, Rel. Juiz Ronaldo Ponzi, 3ª T., m., DJU 22.2.95, p. 8.839.
[28] MONTEIRO, Samuel. *Dos Crimes Fazendários*.

Como a qualidade pessoal é elementar do delito em questão, comunica-se ao *extraneus*, ou seja, ao agente que não ostente tal qualidade, a teor do artigo 30 do Código Penal, *a contrario sensu*. Será necessário, porém, que o partícipe tenha conhecimento da qualidade pessoal do autor.

Em tese, será possível, exemplificativamente, a responsabilização do membro do conselho de administração, do advogado, do contador e do consultor da empresa, desde que evidenciada sua participação, ou seja, desde que demonstrado que concorreram para o resultado. Isso poderá se dar de forma comissiva, através da participação moral, que consiste em "incutir na mente do autor principal o propósito criminoso ou reforçar o preexistente."[29] A participação material, pela qual o partícipe insinua-se no processo de causalidade física, não é possível aqui, uma vez que se cuida de delito omissivo. Poderá ocorrer, ainda, participação por omissão, quando houver dever jurídico de agir por parte do omitente. É o caso do membro do Conselho de Administração, a quem compete fiscalizar a gestão dos diretores (Lei nº 6.404/76, art. 142, III).

Em sentido contrário, a Corte Regional Federal da 4ª Região decidiu que "O simples aconselhamento, a ajuda financeira, moral ou laboral na forma de participação na administração da empresa são insuficientes para demonstrar a propriedade de estabelecimento comercial e por conseguinte a legitimidade passiva em ação penal relativa aos crimes previstos nos arts. 2º, II, da Lei 8.137/90, e 95, *d*, da Lei 8.212/91." (Ap. Crim. nº 95.04.27412-9/RS, Rel. Juiz Dória Furquim, 2ª T., un., DJU 2.5.96, p. 28.061). Na mesma linha manifestou-se o Tribunal Regional Federal da 5ª Região, afirmando que "a mera condição de presidente do Conselho de Administração da empresa somente representaria nexo a vincular a denunciada

---

[29] JESUS, Damásio Evangelista de. *Direito Penal*, 1º v., p. 370.

na absurda aceitação do princípio da responsabilidade penal objetiva" (HC 538-CE, Rel. Juiz Castro Meira, 1ª T., un., DJU 13.10.95, p. 70.063)

Consoante o sustentado acima, dissentimos das decisões transcritas, embora não seja, na prática, comum a responsabilização do partícipe no delito de que se cuida. Em verdade, a pulverização da persecução penal contra vários réus, com participação de diminuta importância, acaba por resultar em enfraquecimento do conjunto, devendo ser reservada para aqueles que efetivamente dominaram a empreitada criminosa.

Poderá responder, também, "o segurado que tenha obtido vantagens". A hipótese é incomum quanto ao crime de omissão no recolhimento, mas não impossível, podendo ser figurado o exemplo de um pacto entre patrão e empregado para que não seja feito o desconto das contribuições, recebendo o valor integral da remuneração.

Derradeiramente, cabe o registro de acórdão no qual se decidiu que "O art. 13 da Lei nº 8.620/93 dispôs somente sobre a responsabilidade do titular da firma individual e dos sócios da empresa por cota limitada, sem qualquer revogação da responsabilidade criminal imposta pela Lei nº 8.212/91" (TRF da 4ª Região, Ap. Crim. nº 93.04.21871-3/RS, Rel. Juiz José Fernando Jardim de Camargo, 2ª T., un., DJU 16.11.94, p. 65.924). A norma referida apresenta a seguinte redação:

> "Art. 13. O titular da firma individual e os sócios das empresas por cotas de responsabilidade limitada respondem solidariamente, com seus bens pessoais, pelos débitos junto à Seguridade Social.
>
> Parágrafo único. Os acionistas controladores, os administradores, os gerentes e os diretores respondem solidariamente e subsidiariamente, com seus bens pessoais, quanto ao inadimplemento das obrigações para com a Seguridade Social, por dolo ou culpa."

Da simples leitura salta aos olhos que a norma disciplina a responsabilidade patrimonial em matéria tributária e não responsabilidade penal, sendo irreprochável a decisão contida no acórdão referido. O mesmo vale para o disposto no art. 7º da Lei nº 8.666/94, que trata de prisão civil, segundo o qual "Quando o depositário infiel for pessoa jurídica, a prisão referida no § 2º do art. 4º será decretada contra seus diretores, administradores, gerentes ou empregados que movimentem recursos financeiros isolada ou conjuntamente."

2.4.2. Agentes políticos

Pela freqüência com que ocorre, pelos agentes envolvidos e pelo tratamento dado ao tema nos Tribunais, merece exame à parte a questão do agente político, especialmente do prefeito, como sujeito ativo do crime de omissão no recolhimento de contribuições sociais.

Os servidores civis e militares da União, dos Estados, do Distrito Federal e dos Municípios, bem como de suas autarquias e fundações, não são segurados do regime geral de previdência social, desde que estejam sujeitos a sistema próprio de previdência social (Lei nº 8.212/91, art. 13). Como muitos Municípios não possuem regime próprio de previdência, seus servidores são segurados obrigatórios do regime geral, devendo a municipalidade reter as contribuições respectivas e promover o recolhimento aos cofres do INSS. Além disso, nos termos da alínea g do art. 12 da LBPS e do § 13 do art. 40 da CF, com a redação dada pela Emenda Constitucional nº 20/98, "Ao servidor ocupante, exclusivamente, de cargo em comissão declarado em lei de livre nomeação e exoneração bem como de outro cargo temporário ou de emprego público aplica-se o regime geral de previdência social." Quer dizer, ainda que o Estado ou Município tenham regime próprio de previdência social, seus servidores comissionados serão segurados obrigatórios do Regime Geral de Previdência Social, devendo verter contribuições para o INSS, como os empregados em geral.

Tendo em conta que o ente público é considerado empresa para os efeitos da legislação previdenciária (LCSS, art. 15, I, e LBPS, art. 14, I) e o chefe do Poder Executivo o seu administrador, deveria responder pela omissão no recolhimento das contribuições descontadas dos servidores, desde que demonstrada sua culpabilidade, sem que ficasse afastada a possibilidade de responsabilização de outros agentes, como o Secretário da Fazenda, por exemplo.

Apesar disso, firmou-se no Superior Tribunal de Justiça o entendimento de que "A falta de recolhimento de contribuições previdenciárias descontadas dos servidores municipais, não qualifica o prefeito como sujeito ativo do crime de apropriação indébita." (REsp. nº 79.125, Rel. Min. Assis Toledo, 5ª T., un., DJU 29.4.96, p.13432). Não é outro o entendimento da 6ª Turma daquela Corte Superior, ao afirmar que "...o Prefeito Municipal não se equipara ao titular de empresa privada no tocante à responsabilidade objetiva em face da falta de recolhimento de contribuições previdenciárias." (REsp nº 93.0018233-1, Rel. Min. Vicente Leal, 6ª T., un., DJU 12.2.96, p. 2.445).

Na mesma linha, os Tribunais Regionais Federais da 1ª, 2ª e 4ª Regiões, sendo esta pelo Plenário, como se vê pelas seguintes ementas:

"Penal - Prefeito Municipal - Não recolhimento de contribuições previdenciarias - Art. 95, d, da Lei nº 8.212/91 - Dolo não comprovado - Atipicidade da conduta - Precedentes do STJ - Pagamento do tributo, antes do recebimento da denuncia - Extinção da punibilidade - Art. 34 DA Lei nº 9.249/95.

I - O Prefeito Municipal não pode ser sujeito ativo do crime de apropriação indebita, pelo não recolhimento de contribuições previdenciarias descontadas dos servidores. A responsabilidade de Prefeito

Municipal só se caracteriza, se comprovado o desvio da verba para proveito pessoal. Atipicidade da conduta. Precedentes."
(REsp n. 90.848-PR, Rel. Min. Cid Flaquer Scartezzini). Em igual sentido os precedentes do plenário do TRF da 1ª Região (Inq. n. 93.01.35831-0/GO, Rel. para o Acórdão Juiz Osmar Tognolo; Inq. n. 92.01.22424-9/GO, Rel.Juiz Leite Soares).(...)" (TRF da 1ª Região, Inq. nº 97.01.00054016-7/MG, Pl., DJ 30-04-98 p. 14)

"Penal. Apropriação indébita e crime contra a ordem tributária - Art. 168 do CPC c/c o art. 2º, II, da Lei 8.137/90.
Se o município deixou de efetuar o recolhimento das contribuições se configurou o crime de apropriação indébita.
Fato anterior a vigência da Lei 8137, de 27.12.90. Princípio da anterioridade da lei penal. Denúncia não recebida. (TRF da 2ª Região, Inq. n. 91.0500049/RJ, Pl., DJ 27-03-92, p. 7163)

"Penal. Prefeito. Falta de recolhimento de contribuições previdenciárias descontadas de empregados municipais.
1. Não estando o prefeito dentre aquelas pessoas mencionadas no § 3º do artigo 95 da lei nº 8212/91, não é típica a sua conduta consistente no não-recolhimento de contribuições previdenciárias descontadas dos empregados do município.
2. O artigo 15 da referida lei não tem o condão de enquadrar o chefe do Executivo municipal no referido delito, face ao princípio da legalidade.
4. Em sede penal é inadmissível a interpretação analógica em prejuízo do acusado.
5. Denúncia rejeitada, por maioria." (TRF da 4ª Região, Ação Penal nº 94.04.06122-0/PR, Pl., DJ. 21-09-94, p. 52736)

A exceção fica por conta do Tribunal Regional Federal da 3ª Região, pois naquela Corte já se decidiu que "A Lei 8.212/91, art. 95, alínea *d* e § 3º, expressamente admite a responsabilidade do administrador dos entes públicos, em face da ausência de recolhimento, nas épocas próprias, de contribuições previdenciárias descontadas dos segurados ou do público e devidas à seguridade social." (Inq. nº 96.03.058550-5/SP, Rel. Juiz Homar Cais, Órgão Especial, m., DJU 17.12.96, p. 97.607).

Aliás, já o extinto Tribunal Federal de Recursos, examinando a questão à luz do art. 86 da Lei nº 3.807/60 e seu parágrafo único entendeu que "...a citada norma legal não abrange os Prefeitos Municipais, que são, como já se disse, agentes políticos." (HC nº 4.557 - PI, Rel. Min. Lauro Leitão, 3ª T., un., RTFR 64/239).

Os argumentos utilizados para considerar o fato atípico quando cometido pelos prefeitos são os seguintes: a) o prefeito não figurava no rol dos autores constante do parágrafo único do art. 86 da Lei nº 3.807/60 e tampouco está arrolado no § 3º do art. 95 da Lei nº 8.212/91, como referido no acórdão acima transcrito, do TRF da 4ª Região, de modo que o crime em questão seria "próprio de particular contra os interesses da previdência social" (TRF da 4ª Região, AP nº 92.04.05279-1/RS, Rel. Juiz Fábio Rosa, Plenário, m., DJU 28.4.93, p. 15.001); b) "a prefeitura não é empresa" (TRF da 4ª Região, AP nº 93.04.01461-1/RS, Rel. Juiz Volkmer de Castilho, Plenário, un., DJU 18.8.93, p. 32341), nem pode ser equiparada a empresa, sob pena de violação do princípio da legalidade.

Em sentido contrário, o Supremo Tribunal Federal decidiu que "Prefeito pode ser sujeito ativo da conduta delituosa prevista tanto no artigo 2º, II, da Lei 8.137/90 quanto no artigo 95 da lei 8.212/91. (...)" (HC 72271-SP, Rel. Min. Moreira Alves, SP, DJ 24.1.95, p. 40.387).

Tenho que a razão na matéria está com o Supremo Tribunal Federal. O art. 15 da Lei nº 8.212/91 estabelece que são considerados empresas, para os efeitos da mesma lei, "os órgãos da administração pública direta, indireta e fundacional". Quanto ao parágrafo 3º do artigo 95, o prefeito pode perfeitamente ser caracterizado como "administrador", de modo que sua responsabilização também não violaria tal dispositivo.

A equiparação do ente público à empresa e o entendimento de que o Prefeito está incluído no rol dos agentes não viola o princípio da legalidade. Ao contrário, o tipo penal deve ser interpretado levando em conta o bem jurídico a que se visa proteger, o qual resulta lesado pela conduta do agente político, uma vez que os valores não serão recolhidos ao Regime Geral de Previdência Social, ao qual está vinculado àquele servidor.

Na verdade, o administrador público tem um dever maior de probidade que o privado. Tanto é assim que as penas cominadas aos crimes próprios contra a administração pública são maiores que as cominadas a fatos assemelhados cometidos por particulares contra vítimas também particulares. Isso pode ser exemplificado com o peculato-apropriação, previsto no art. 312 do Código Penal e punido com penas de 2 a 12 anos de reclusão e multa, enquanto a figura assemelhada da apropriação indébita (CP, art. 168) é punida com penas de reclusão de 1 a 4 anos e multa. Deriva a diferença justamente da condição do autor do fato.

Evidentemente que, assim como ocorre em relação aos empresários, também o prefeito não poderá ser punido somente por ocupar tal cargo. Deverá ser demonstrado, ao longo da instrução, que tinha o domínio do fato, que determinou ou ao menos não evitou a omissão no recolhimento, uma vez que não se admite a responsabilização penal objetiva.

A jurisprudência dominante, então, contrariando a sistemática da legislação penal, acaba por colocar o agente político na confortável situação de irresponsabilidade pela prática de uma conduta pela qual são punidos particulares, quando deveria ser tratado com maior rigor. Vale lembrar que entre os maiores devedores da seguridade social estão justamente muitos Municípios.

Objeta-se, de outro lado, que a situação financeira das municipalidades muitas vezes não comporta o recolhimento de tais contribuições. Aí, também, há solução, como adiante se verá, quando analisada a questão das dificuldades financeiras.

Mais recentemente, a Lei nº 9.639, de 25 de maio de 1998, acrescentou ao artigo 95 da Lei nº 8.213/91 o § 5º, segundo o qual "O agente político só pratica o crime previsto na alínea *d* do *caput* deste artigo, se tal recolhimento for atribuição legal sua."

A alteração legislativa veio ao encontro do entendimento do Superior Tribunal de Justiça, manifestado em acórdãos relatados pelo eminente Ministro Luiz Vicente Cernicchiaro, nos quais se afirmou que "O Prefeito Municipal, como regra, não tem a obrigação (sentido normativo) de efetuar os pagamentos do Município; por isso, no arco de suas atribuições legais, não lhe cumpre praticar atos burocráticos, dentre os quais elaborar a folha e efetuar os pagamentos. Logo, recolher as contribuições previdenciárias. O pormenor é importante, necessário por ser indicado na denúncia. Diz respeito a elemento essencial da infração penal. A ausência acarreta nulidade da denúncia." (REsp nº 95.0018368-4/PR, 6ª T., un., DJU 23.6.97, p. 29.197)

Com a máxima vênia, ouso discordar do entendimento do acórdão. É que também em uma grande empresa, ou mesmo nas médias, e talvez até nas pequenas, não será o sócio-gerente ou o diretor que executarão materialmente o recolhimento das contribuições ou que, em determinados meses, se omitirão em fazê-lo. A autoria será determinada pelo domínio do fato, como visto no item seguinte. O dever legal de levar a cabo o recolhimento está, de todo modo, previsto no § 3º do art. 95 da Lei nº 8.212/91, inclusive para o Prefeito. O acórdão parte, porém, do pressuposto de que este dispositivo não se aplica ao Prefeito. Neste caso, seria, efetivamente necessário o parágrafo agora introduzido.

A idéia do dispositivo, então, é a de que se verifique se a legislação municipal ou estadual comete ao prefeito a obrigação de efetuar o recolhimento das contribuições, cuidando-se de norma penal em branco. Evidentemente que, diante do texto oferecido, nenhum Prefeito ou Governador admitirá legislação que a ele atribua tal responsabilidade, dificultando a persecução penal.

Há, então, agora, mais um obstáculo à responsabilização dos administradores públicos, já que, não havendo expressa determinação legal de que o recolhimento seja feito pelo agente político, faltará condição exigida pela lei para o exercício da ação penal, que não poderá ser proposta contra tal figura.

Um desdobramento da linha de entendimento dominante na jurisprudência foi que se passou a entender que "O Prefeito Municipal que deixa de recolher à Previdência Social o que, a título de contribuições previdenciárias, foi descontado dos salários de servidores só pratica o crime de apropriação indébita se desviar o respectivo dinheiro para proveito pessoal." (TRF da 4ª Região, APN nº 93.04.25295-4/RS, Rel. Juiz Ari Pargendler, Plenário, un., DJU 16.3.94, p. 9.963).[30] Nesse caso estaria configurado o "crime de responsabilidade", previsto no inciso I do art. 1º do D.L. nº 201, de 27 de fevereiro de 1967, que tipifica a conduta do prefeito que "apropriar-se de bens ou rendas públicas, ou desviá-los em proveito próprio ou alheio".[31]

Na mesma linha dominante na jurisprudência, objeto da crítica acima, aquela Corte já decidiu que "O § 3º

---

[30] Há precedente do STJ no mesmo sentido: REsp nº 90.848/PR, Rel. Min. Cid Flaquer Scartezzini, 5ª T., m., DJU 15.10.97, p. 44.401.

[31] Neste caso, exige-se a demonstração do elemento subjetivo do tipo, consistente no ânimo de apropriação.

do art. 95 da Lei nº 8.212/91 não considerou o agente político, como o Presidente da Câmara de Vereadores, como responsável pelo crime de omissão no recolhimento de contribuições previdenciárias dos empregados da Câmara." (Recurso Criminal nº 96.04.619717-9/RS, Rel. Jardim de Camargo, 2ª T., un., DJU 10.12.97, p. 108.229). Dessa posição não discrepa o Tribunal Regional Federal da 5ª Região (RHC nº 94.05.00366-8/CE, Rel. Juiz Nereu Santos, 2ª T., un., DJU 24.6.94, p. 34.048).

A seu turno, o Tribunal Regional Federal da 1ª Região decidiu que "A omissão, pela empresa, no recolhimento oportuno das contribuições previdenciárias descontadas dos salários dos empregados configura, em tese, o crime de apropriação indébita, imputável aos seus *dirigentes-proprietários*. Na hipótese de *empresa estatal*, cujo patrimônio pertence ao Estado, a omissão no recolhimento dessas contribuições não induz presunção de que os seus diretores tenham praticado o delito de apropriação indébita, pois são eles meros detentores de função pública de confiança, sem qualquer poder de disponibilidade sobre os bens da empresa." (HC nº 91.01.12768-3/MT, Rel. Juiz Vicente Leal, 3ª T., m., DJU 2.12.91, p. 30640). Com tais fundamentos, entendeu a Turma não haver justa causa e determinou o trancamento da ação penal, não sem antes reconhecer a notoriedade do "fato de que os órgãos e entidades governamentais são os maiores devedores da previdência social." Justamente nesse ponto começa a crítica ao pensamento ali adotado. Se são estes os maiores devedores, é de rigor que respondam penalmente pelos atos assim praticados. A inexistência do poder de disponibilidade sobre os bens da empresa é algo que pode ser levado em conta, se apurado ao longo da instrução que a venda de tais bens poderia possibilitar o pagamento do débito. O que não se pode é, *a priori*, trancar a ação penal, pelo singelo fato de que se trata de empresa estatal.

2.4.3. Responsabilidade pessoal

O parágrafo único do artigo 86 da Lei nº 3.807/60, em redação assemelhada ao atual § 3º do art. 95 da LBPS, assim dispunha: "consideram-se pessoalmente responsáveis o titular da firma individual, os sócios solidários, gerentes, diretores ou administradores das empresas incluídas no regime desta lei."

Pela letra da lei anterior, a responsabilidade decorria da simples condição de administrador, enquanto agora exige-se a participação na gestão da empresa. Tanto em um caso como em outro, porém, a simples leitura do texto legal conduziria a uma responsabilização penal objetiva, o que não pode ser admitido. Heleno Cláudio Fragoso, comentando a matéria, ao tempo da vigência da Lei nº 3.807/60, afirmava que "...a presunção de responsabilidade contida no parágrafo único do art. 86, em relação aos sócios solidários, gerentes ou administradores é intolerável. A responsabilidade penal é pessoal (ninguém pratica crime com a ação de outrem) e subjetiva (depende de culpa)"[32]

Em verdade, poderia o legislador ter silenciado sobre a responsabilidade penal ao elaborar lei especial, pois a matéria já vem tratada, de forma sistemática, pelos artigos 29 a 31 do Código Penal. O sistema do Código não admite a responsabilização penal objetiva, de modo que se impõe a verificação da autoria caso a caso. É verdade que, via de regra, é do administrador o poder de decidir se o tributo descontado será ou não recolhido no prazo legal. Agora, se for comprovado que um determinado administrador não sabia da omissão ou não detinha poder jurídico ou fático para fazer cessar o crime, não poderá ser responsabilizado.

---

[32] FRAGOSO, Heleno Cláudio. *Lições de Direito Penal*, 3ª ed. São Paulo Bushatsky, 1977, v.2, p. 52.

Afora o silêncio, outra solução feliz teria sido a utilização da fórmula do artigo 11 da Lei nº 8.137/90, pelo qual "Quem, de qualquer modo, inclusive por meio de pessoa jurídica, concorre para os crimes definidos nesta Lei, incide nas penas a estes cominadas, na medida de sua culpabilidade." Deste modo não estaria a lei especial afastada da norma geral do Código Penal. Sistema assemelhado foi utilizado no Código de Defesa do Consumidor (Lei nº 8.078, de 11 de setembro de 1990, art. 75).

Como assim não se fez, a melhor solução é interpretar a norma especial à luz do artigo 29 do Código Penal, entendendo que será autor do crime em questão qualquer das pessoas mencionadas no § 3º do artigo 95, desde que tenham concorrido para a ocorrência do resultado. Não se pode admitir, porém, a responsabilização penal tão-somente pela condição de administrador, demonstrada formalmente através do contrato social, decisão assemblear ou procuração. Como já afirmou, reiteradas vezes, o Tribunal Regional Federal da 4ª Região: "Inadmitida a responsabilidade objetiva em matéria criminal, não responde criminalmente o sócio da pessoa jurídica, pelo só fato de integrar a empresa." (HC 94.04.46202-0/PR, Rel. Juiz Volkmer de Castilho, 3ª T., un., DJU 22.2.95, p. 8.840)

A redação do dispositivo decorre, evidentemente, da circunstância de que o crime em questão usualmente é cometido através de empresa, com todas as dificuldades daí decorrentes. Como não se admite, na matéria, a responsabilização penal da pessoa jurídica, pois ausente qualquer disposição legal a respeito, sendo aplicável o brocardo *societas delinquere non potest*, quer o legislador obviar a dificuldade pelo caminho mais simples, qual seja, imputando a responsabilidade aos diretores, como se fez, também, no art. 25 da Lei nº 7.492/86.

Claro está que a condição de sócio-gerente, diretor ou procurador é um indício no sentido da culpabilidade do acusado. Assim, no momento da denúncia e de seu recebimento, é razoável que a persecução penal se dirija a tantos quantos figurem no contrato social como gerentes, ostentem o título de diretores por decisão assemblear ou tenham sido constituídos mandatários com poderes de administração da empresa. Assim, já decidiu, aliás, o Supremo Tribunal Federal, em acórdão assim ementado:

"Ementa: *Habeas Corpus*. Denúncia. Crime societário. Contribuição previdenciária descontada dos empregados e não recolhida aos cofres públicos. Conduta delituosa. Descrição pormenorizada. Requisito que não se mostra imprescindível. Pelo teor da peça acusatória verifica-se ser ela formalmente apta ao fim a que se destina, atendendo às exigências do art. 41 do CPP. Além de estar apoiada nos elementos constantes do procedimento de fiscalização, retrata, com consistência, fatos suficientes e conclusivos de modo a possibilitar a identificação da prática do delito de apropriação indébita, explicitando a época dos fatos, os valores que foram desviados e o meio empregado, circunstâncias que abrem espaço ao exercício da mais ampla defesa. (...) A alegação de que nos delitos societários é necessário que a denúncia individualize a participação de cada um dos acusados não encontra apoio na orientação da jurisprudência desta Corte, que não considera condição ao oferecimento da denúncia a descrição mais pormenorizada da conduta de cada sócio ou gerente, mas apenas que estabeleça o vínculo de cada um ao ilícito. *Habeas Corpus* indeferido." (HC 73419-7, Rel. Min. Ilmar Galvão, Informativo STF, nº 28, 2.5.96, p.3).

No Superior Tribunal de Justiça há divergência. A 5ª Turma já afirmou que "Também nos chamados crimes societários é imprescindível que a denúncia individualize a participação de cada acusado. Caso impossível, é preciso que descreva o modo como concorreram para o crime. Responsabilidade tributária não se confunde com responsabilidade criminal." (5ª T, Rel. Min. Edson Vidigal, DJU 20.2.95, p. 3198). Em acórdão mais recente, porém, decidiu-se de acordo com a linha ora esposada, ao afirmar-se que "Nos crimes societários, praticados em gabinetes ou às ocultas, nem sempre é necessário, por inviável, a minuciosa individualização, na denúncia, das condutas dos réus." (RHC nº 98.17962-3/SP, Rel. Min. Félix Fischer, un., DJU 29.6.98, p. 234).

O Tribunal Regional Federal da 4ª Região, em julgamento que tratava especificamente do crime de omissão no recolhimento de contribuições sociais arrecadadas, já afirmou que "Não há necessidade de descrição pormenorizada de cada ação delituosa, na peça inicial da ação penal, ainda mais se tratando de crime omissivo, em que é impossível e desnecessário descrever o que deixou de ser feito." (HC nº 97.04.54625-4/SC, Rel. Juiz Fábio Bittencourt da Rosa, 1ª T., un., DJU 3.12.97, p. 104.951). De fato, em se tratando de crime omissivo próprio, como no caso, bastará que a denúncia diga que o acusado tinha poderes de gestão e deixou de recolher as contribuições.

De todo modo, é preciso ficar claro que o contrato social é um indício suficiente para o recebimento da denúncia. Como asseverou o STF ao examinar hipótese em que se discutia o recebimento de denúncia oferecida contra dirigentes de uma corretora por crime contra o sistema financeiro, "Pelo volume e importância dos negócios, a corretora não haveria de decidir sem a participação de seus dirigentes. Não se trata de presunção, mas de compreender os fatos consoante a realidade das coisas." (HC nº 77.444-1, Rel. Min. Néri da Silveira, 2ª T., un., DJU 23.4.99, p. 2). Ao longo da instrução é que é indispensável determinar, de forma clara, quem era o responsável pela administração; e, por conseqüência, pelo delito.

É preciso esclarecer quem efetivamente detinha o poder de mando na empresa, decidindo pelo recolhimento ou não das contribuições descontadas dos empregados. Em outras palavras, deve ser responsabilizado o réu ou réus que detinham o domínio do fato, isto é, "quem detém em suas mãos o curso, o 'se' e o 'como' do fato, podendo decidir preponderantemente a seu respeito; dito mais brevemente, o que tem o poder de decisão sobre a configuração central do fato."[33] Em abono do acima afirmado, arrolo precedente do Tribunal Regional Federal da 4ª Região, como segue: "A responsabilização penal é imposta a quem efetivamente pratica atos decisórios sobre o recolhimento de impostos e contribuições." (Ap. Crim. Nº 97.04.39564-7/PR, Rel. Juiz Gilson Dipp, 1ª T., un., DJU 4.2.98, p. 143)

Nessa linha, como adverte Costa Jr., "Se uma operação delituosa for deliberada em colegiado, a responsabilidade não se estenderá aos membros ausentes, ou mesmo aos presentes que se abstiverem de votar, ou que votarem contra."[34]

Não raro figura como sócia-gerente a mulher do verdadeiro administrador, mas sem contar com qualquer poder decisório ou mesmo sem exercer qualquer atividade na empresa.

Nesse sentido a ementa que segue:

"(...) Nas sociedades formadas por casais, de regra, o marido é quem administra a empresa, restando à cônjuge o simples papel figurativo no contrato social, esperando-se de quem é detentor de título universitário e consultor de empresas a dissolução formal da sociedade e, à míngua de elementos que

---

[33] ZAFFARONI, Eugenio Raúl. *Manual de Direito Penal Brasileiro, Parte Geral*, p. 670.

[34] COSTA JÚNIOR, Paulo José da. *Direito Penal Societário*, p. 20.

comprovassem a sua retirada da administração - art. 156 do CPP, exsurge como verdade real o fato de que era ele o administrador da empresa na época do inadimplemento tributário, como reforçam o contrato social e o Termo de Alteração Contratual. Negativa de autoria insubsistente." (Ap. Crim. nº 1998.04.01.027352-1/SC, Rel. Juiz Fábio Bittencourt da Rosa, 1ª T., un., DJU 2.6.99, p. 547).

Não chega a ser incomum a transferência de quotas para pessoas humildes que assinam o instrumento de alteração do contrato social pressionadas ou sem perfeita compreensão do seu significado, popularmente chamados *testas-de-ferro, laranjas* ou *figuras de palha*. Há casos nos quais se constata que empregados passam a figurar formalmente como sócios, sem que ocorra na realidade qualquer modificação em sua atuação. Outras vezes, alguns dos sócios-gerentes, em regra minoritários, atuam exclusivamente na área-fim, produtiva ou operacional, desconhecendo de forma absoluta o que se passa na administração.

Assim é que a comprovação da responsabilidade passa necessariamente pela demonstração do grau de envolvimento do acusado com a administração da empresa, através de outros meios de prova, que não apenas o indício representado pelo contrato social.

Para tanto, deve o juiz explorar a questão nos interrogatórios e na oitiva das testemunhas, sejam elas de defesa ou acusação. Os próprios réus deverão ser inquiridos sobre eventual divisão de tarefas no âmbito da empresa. Ao Fiscal de Contribuições Previdenciárias, usualmente arrolado como testemunha pelo Ministério Público, o que seria, aliás, em princípio desnecessário, deverá ser perguntado com quem manteve contato na empresa. Já as testemunhas de defesa, especialmente os empregados ou ex-empregados, clientes, prestadores de serviço, deverão responder a quem se reportavam ou com quem mantinham contato na empresa, quem assinava os cheques, quem decidia as questões mais complexas, concedia prazos, fazia acertos, contratava, demitia, etc.

Os depoimentos de empregados não podem ser desconsiderados apenas por ostentarem esta condição, merecendo análise no conjunto probatório, como é evidente. É comum que sejam arrolados como testemunhas contabilista ou advogado, aos quais se impõe sigilo profissional. Assim, deverá o juiz zelar pelo prévio consentimento da defesa, na forma do art. 207 do CPP. Claro está que, tendo a defesa arrolado o profissional como testemunha, já o desobriga do sigilo. Este, a seu turno, prestando o depoimento, abre mão tacitamente do sigilo profissional. Poderá, porém, recusar-se a depor.

Devem ser levados em conta, também, os elementos documentais, tais como a assinatura na notificação fiscal, memorandos, organogramas, ofícios, requerimentos e muitos outros.

Evidentemente que, tendo havido inquérito policial e restando evidenciado que alguns dos sócios com poderes de gerência não os exerciam de fato, estes não deverão ser denunciados. O Tribunal Regional Federal da 4ª Região já asseverou que "Não há nulidade na denúncia oferecida apenas contra um dos sócios da empresa" em hipótese na qual "próprio denunciado afirmou que o outro sócio estava ausente do Brasil desde a época dos fatos." (HC 97.04.62669-0/PR, Rel. Juiz Jardim de Camargo, 2ª T., un., DJU 22.4.98, p. 504). O mero fato de um sócio residir em outra localidade não afasta, porém, cabalmente sua responsabilidade. Especialmente com os modernos meios de comunicação hoje existentes, não é impossível uma administração à distância.

A cessão das quotas ou transferência das ações, depois dos fatos, é absolutamente irrelevante para fins penais, ainda que o adquirente, no instrumento, assuma o compromisso pelos débitos, como é comum. "O devedor civil nem sempre é o responsável criminal, sendo que o tempo do crime informa o autor do delito."[35] Com efeito, em matéria penal, a responsabilidade é subjetiva. Responde pelo delito aquele responsável pelo resultado, bem assim os que para com ele de qualquer modo concorrerem. Bem por isso, a lei aponta como sujeito passivo aquele que "participe ou tenha participado" da gestão da empresa. Deve haver cuidado, porém, com os casos em que a transferência das quotas é meramente formal, permanecendo o cedente no efetivo comando dos negócios. No sentido do texto há precedente do Tribunal Regional Federal da 4ª Região, afirmando que "A responsabilidade do sócio pela omissão no recolhimento das contribuições previdenciárias da empresa não é afastada pela sua posterior retirada da mesma." (HC nº 97.04.42258-0/RS, Rel. Juiz Jardim de Camargo, 2ª T., un., DJU 8.10.97, p. 83.292)

Ao contrário, comprovado o efetivo afastamento do réu da empresa, antes da ocorrência dos fatos, não poderá por eles responder. Como já decidiu o Tribunal Regional Federal da 4ª Região: "Se ficou evidenciado que o recorrido, à época do débito, não exercia cargo de direção junto à empresa, ausente o dolo capaz de caracterizar a figura delituosa pela qual foi o mesmo indiciado." (RCrim. nº 91.04.09685/RS, Rel. Juiz Paim Falcão, 1ª T., un., DJU 27.11.91, p. 30.128)

De todo modo, caso tenha ocorrido sucessão na administração, ao longo do período dos fatos, deverá a denúncia especificar esta circunstância, esclarecendo qual o valor omitido no período de gestão de cada réu. Somente assim estará plenamente atendido o artigo 41 do Código de Processo Penal, no ponto em que determina que a inicial acusatória contenha a exposição do fato

---

[35] BELLUCCI, Fábio et alli. "Do Crime contra a Ordem Tributária previsto no art. 2º, II, da Lei Federal 8.137, de 27.12.90.

criminoso, com todas as suas circunstâncias. Além disso, a providência permite que se verifique eventual extinção da punibilidade pelo pagamento, aplicação do princípio da insignificância e um melhor exame das conseqüências no momento da individualização da pena.

Na mesma linha, o fato de que seja pequena a participação societária não exclui, necessariamente, a responsabilidade. Em princípio, uma maior participação societária aponta, indiciariamente, para o controle da sociedade, mas isto nem sempre será verdadeiro, devendo ser apurado no caso concreto. A propósito, o Tribunal Regional Federal da 2ª Região decidiu que "O crime societário caracteriza-se quando o ilícito resultar da vontade de cada um dos responsáveis pela pessoa jurídica figurantes nos seus atos constitutivos, *independentemente da sua participação nas cotas societárias.*" (HC nº 95.022931-4/RJ, Rel. Juiz Ney Fonseca, 1ª T., m., DJU 29.8.96, p. 62.682)

Também não fica afastada a responsabilidade do sócio pela singela alegação de que o recolhimento era efetuado por contador ou empregado. Desimporta quem efetuava materialmente o preenchimento das guias e fazia o recolhimento na rede bancária. No sentido do afirmado, decidiu o TRF da 4ª Região, em acórdão assim ementado: "A responsabilidade do recolhimento das contribuições previdenciárias, atribuída por lei aos dirigentes da empresa, não é exaurida pelo singular repasse do encargo do recolhimento a terceiros." (Ap. Crim. nº 96.04.12306-8/RS, Rel. Juiz Teori Zavascki, 2ª T., un., DJU 4.6.97, p. 40.711). O autor do delito será quem decidia fazer ou não o recolhimento, priorizar este ou aquele pagamento, o que, evidentemente, está na alçada do sócio, e não do empregado ou do contador, como afirmado pela mesma Corte, nos seguintes termos: "A decisão de não recolher os valores descontados dos empregados a título de contribuição previdenciária constitui orientação traçada pela empresa, linha de atuação essa de responsabilidade dos sócios administradores." (HC 97.04.54625-4/SC, Rel. Juiz Fábio Rosa, 1ª T., un., DJU 3.12.97, p. 104.951)

Como se viu, a questão da autoria no crime em questão envolve, em regra, complexa análise probatória, a ser levada a efeito ao longo da instrução da ação penal. Isso gera duas conseqüências. A primeira, já vista, é a possibilidade de recebimento da denúncia fundada no contrato social. A segunda é o descabimento, em princípio, do *habeas corpus* que pretenda análise desta matéria.

Nesse sentido é tranqüila e uníssona a jurisprudência dos Tribunais Regionais Federais, como se vê pelos excertos abaixo:

> "Como pacificado na jurisprudência, o *habeas corpus* não se presta ao exame aprofundado da prova, assim, denunciados os pacientes pelo não recolhimento das contribuições previdenciárias descontadas dos empregados da empresa da qual eram sócios, suas alegações de que não tinham qualquer poder de gestão devem ser provadas na instrução probatória, sendo prematuro o trancamento da ação penal." (TRF da 1ª Região, HC nº 97.01.14700-9/MA, Rel. Juiz Osmar Tognolo, 3ª T., un., DJU 14.11.97, p. 91.767).

> "O *writ* não comporta instrução probatória para apuração da culpabilidade de sócio que alega ter sido empregado e não cotista, apesar de constar do contrato social." (TRF da 2ª Região, HC nº 02.29314-2-95/RJ, Rel. Juiz Ney Fonseca, 1ª T., m., DJU 29.8.96, p. 62.682).

> "A responsabilidade criminal delineada no art. 95, § 3º, da Lei nº 8.212/91, depende da verificação efetiva da participação pessoal do titular da firma individual, do sócio-gerente, diretor, administrador, ou, enfim, da pessoa que levou a efeito a conduta típica, não sendo, portanto, de natureza

objetiva, pelo que é matéria que depende de dilação probatória, não podendo, assim, ser apreciada no âmbito do *habeas corpus*." (TRF da 3ª Região, HC nº 95.03.063209-9/SP, Rel. Juíza Suzana Camargo, 5ª T., un., DJU 21.11.95, p. 80.335)

"Prevista pela lei a responsabilidade do administrador pela falta de contribuições previdenciárias devidas pela empresa, a exoneração dela só se pode dar na ação penal, mediante contraditório amplo, nunca em *habeas corpus*, que é infenso ao exame de provas." (TRF da 4ª Região, HC nº 94.04.23102-5, Rel. Juiz Ari Pargendler, 1ª T., un., DJU 6.7.94, p. 36.526)

"Torna-se impossível, na via estreita do *habeas corpus*, examinar se o sócio participa efetivamente, ou não, da gerência e administração da empresa..." (TRF da 5ª Região, HC 94.05.32990-1/CE, Rel. Juiz Nereu Santos, 2ª T., un., DJU 17.2.95, p. 7.294).

2.5. Sujeito passivo

É o Instituto Nacional do Seguro Social - INSS autarquia federal encarregada da arrecadação, fiscalização, lançamento e normatização das contribuições dos trabalhadores (Lei nº 8.212/91, art. 33).[36] Como a autarquia tem personalidade jurídica própria (DL nº 200/67, art. 4º, II, *a*), é induvidoso que pode ser vítima do crime.

Com a devida vênia, não merece acolhida a assertiva de Juary C. Silva no sentido de que "sujeito passivo do crime é a União Federal, não o INSS, autarquia que meramente arrecada as contribuições, como *longa manus* da União, que as institui."[37] É que a União institui a

---

[36] TRF 4ª R., Ap. Crim. nº 96.04.51747-3/SC, Rel. Juiz Vladimir Freitas, 1ª T., un., RTRF 31/174.

[37] SILVA, Juary C. *Elementos de Direito Penal Tributário*, p. 241.

contribuição no exercício de seu poder legislativo, mas isso não a torna vítima do delito. Se assim fosse, todo e qualquer crime lesaria a União Federal, que tem a competência exclusiva para legislar sobre matéria penal. O empregado e o avulso não são vítimas do delito, pois a omissão no recolhimento por parte do empregador ou tomador dos serviços não lhes acarreta prejuízo direto, uma vez que o artigo 34 da Lei dos Benefícios da Previdência Social prevê que sejam computados no cálculo dos benefícios "para o segurados empregados e trabalhador avulso, os salários-de-contribuição referentes aos meses de contribuições devidas, ainda que não recolhidas pela empresa, sem prejuízo da respectiva cobrança e da aplicação das penalidades cabíveis." Reforça esse entendimento o § 5º do artigo 33 da Lei do Custeio da Previdência Social, segundo o qual "O desconto de contribuição e de consignação legalmente autorizadas sempre se presume feito oportuna e regularmente pela empresa a isso obrigada, não lhe sendo lícito alegar omissão para se eximir do recolhimento, ficando diretamente responsável pela importância que deixou de receber ou arrecadou em desacordo com o disposto nesta Lei."

A Emenda Constitucional nº 20, publicada em 16 de dezembro de 1998, porém, substituiu a tradicional locução "tempo de serviço" por "tempo de contribuição", com o objetivo principal de acabar com a contagem ficta de tempo. Quando for regulada a questão do tempo de contribuição, talvez haja alteração no entendimento exposto no parágrafo anterior, o que, no entanto, não seria razoável. De todo modo, nos termos do art. 4º da emenda "o tempo de serviço considerado pela legislação vigente para efeito de aposentadoria, cumprido até que a lei discipline a matéria, será contado como tempo de contribuição."

Também o produtor rural, na qualidade de contribuinte dos valores descontados por ocasião da comercialização de sua produção não pode ser considerado vítima do delito.

Em se tratando de produtor rural equiparado a autônomo, seu benefício será calculado com base nos salários-de-contribuição, que correspondem, em seu caso, ao salário-base (LCSS, art. 28, III). Em outras palavras, a pessoa física que explora atividade rural com empregados está obrigada a recolher contribuições sobre o resultado da comercialização de sua produção e também "no carnê", sobre a escala de salários-base (LCSS, art. 25, § 2º). Pois bem, sobre estes valores, que devem ser recolhidos pelo próprio segurado (LCSS, art. 30, II) é que será calculado o seu benefício (LBPS, art. 34, III). Assim, a omissão no recolhimento das contribuições descontadas por parte do adquirente ou consignatário não lhe trará qualquer prejuízo, de modo que também não pode ser considerado vítima do delito.

Já o produtor rural segurado especial é obrigado a contribuir sobre o resultado da produção e tem a faculdade de contribuir sobre a escala de salários-base (LCSS, art. 25, § 1º). Na primeira hipótese, seus benefícios terão valor de um salário mínimo, desde que comprove o exercício da atividade rural no período imediatamente anterior ao requerimento, independentemente de comprovação do recolhimento de suas contribuições (LBPS, art. 39, I). Na segunda, caso contribua também "no carnê", voluntariamente, os benefícios serão calculados sobre tais valores. Como já visto, porém, a responsabilidade pelo recolhimento, aí, passa a ser do próprio segurado.

Em conclusão, o segurado não é ofendido imediato no delito de que se cuida, figurando como sujeito passivo apenas o Instituto Nacional do Seguro Social. O segurado sofre apenas prejuízo indireto, na medida em que os recursos não serão carreados ao sistema.

2.6. Tipo objetivo

2.6.1. Conduta

A conduta incriminada está assim descrita:

"d) deixar de recolher, na época própria, contribuição ou outra importância devida à seguridade social e arrecadada dos segurados ou do público;"

A omissão no recolhimento constitui a conduta profligada pelo tipo penal, uma vez que a conjunção verbal nuclear é "deixar de recolher". Como ensina Paulo José da Costa Júnior "Recolher é depositar a quantia recebida (descontada ou cobrada). Não recolher é a forma negativa da conduta, vale dizer, é a ausência de depósito, é a retenção indevida da quantia descontada ou cobrada do contribuinte."[38]

Segundo a jurisprudência dominante, cuida-se de crime omissivo puro e formal, ou seja, independe de um resultado naturalístico para sua consumação.[39] De acordo com esse entendimento, o crime seria omissivo próprio, ou de pura omissão, ou de simples omissão, assim entendido aquele "que consiste em omitir um fato que a lei ordena",[40] "independentemente de um resultado posterior".[41]. O conceito opõe-se ao de crime comissivo por omissão ou omissivo impróprio "que consiste em produzir, por meio de omissão, um resultado definido na lei como crime",[42] como no festejado exemplo da mãe que se omite em alimentar o filho, causando-lhe a morte. Nos crimes comissivos por omissão, então, a omissão insere-se na cadeia causal, provocando um resultado

---

[38] COSTA JÚNIOR, Paulo José da. *Infrações Tributárias e Delitos Fiscais*, p. 128.

[39] Nesse sentido: STF, HC 76.978-1/RS, Rel. Maurício Correa, 2ª T., un., DJU 19.2.99, p. 27 e STJ, Rel. Min. Luiz Vicente Cernicchiaro, 6ª T., DJU 15.4.96, p. 11.558.

[40] BRUNO, Aníbal. *Direito Penal*, parte geral, p. 219.

[41] JESUS, Damásio Evangelista de. *Direito Penal*, p. 170.

[42] BRUNO, Aníbal., ob. e loc. cit.

naturalístico, enquanto nos omissivos puros pune-se o simples descumprimento do dever imposto pela norma, independentemente da ocorrência de resultado. Daí qualificarem-se os crimes omissivos puros, em regra, como delitos formais.

Na verdade, porém, sempre que omitido o recolhimento no prazo da lei haverá um dano efetivo à seguridade social pela falta do ingresso daqueles valores. Quer dizer, há um resultado naturalístico, embora não seja este exigido para a configuração do tipo. Além disso, se um dos dirigentes da empresa se omite em efetuar o recolhimento, mas outro o faz com recursos próprios, não haverá o crime. Daí a existência de corrente doutrinária que entende ser de resultado o delito.

Há, porém, crimes omissivos que se caracterizam pela existência de uma conduta positiva inicial, seguida da omissão, chamados crimes de conduta mista, como ocorre, por exemplo na apropriação de coisa achada (CP, 169, II) e na sonegação de correspondência (CP, 151, § 1º). Nesta linha, é de questionar se, no crime ora em estudo, o momento anterior, o descontar, ou arrecadar, na terminologia atual, integra ou não o tipo. A questão é complexa e da maior relevância, tendo efeitos no que diz com a adequação típica em si, com a prova que deve ser produzida e até com a constitucionalidade da criminalização.

De nossa parte, já tivemos oportunidade de afirmar que "Efetivamente, não se pode imaginar o empresário colocando a remuneração total do empregado dentro de um envelope, para em seguida retirar o valor devido à previdência. Na época da moeda escritural, ou mesmo digital, que trafega através de impulsos eletrônicos nos sistemas informatizados dos bancos, não é possível exigir como integrante do tipo um desconto no sentido físico, uma conduta de descontar."[43]

---

[43] BALTAZAR JUNIOR, José Paulo. "Aspectos Penais" *in Direito Previdenciário*, p. 291.

Carlos Alberto da Costa Dias não discrepa desse entendimento, ao afirmar que "... o desconto do salário ou arrecadação mencionada é meramente contábil, porquanto há sempre o pagamento líquido de salários. As importâncias pagas à previdência, na verdade, não são descontadas, mas sim acrescidas no custo da mão-de-obra, e, como tais, são encargos. Posiciono-me, portanto, no sentido de que não há um momento comissivo, anterior ao não recolhimento, consistente em descontar, ou arrecadar. Daí não entender que seja um crime omissivo misto."[44]

No mesmo sentido, Amir José Finocchiaro Sarti, para quem "... não se exige para a caracterização do crime de não-recolhimento das contribuições previdenciárias a posse física do numerário descontado, cuja retenção indevida de regra é meramente escritural e é o que basta ...".[45]

Ainda no mesmo diapasão Ney de Barros Bello Filho: "O que ocorre é apenas uma operação contábil que lança por declaração valor correspondente ao tributo devido pelo empregado. O pagamento dos salários mantém o empregador na obrigação legal de recolher o valor supostamente descontado à Previdência Social, mas o numerário na verdade não existe."[46]

Para Andreas Eisele, "... o empregador lhes paga o salário líquido e a dedução fiscal é meramente contábil, não havendo de fato a separação material da quantia destacada da remuneração para posterior recolhimento tributário."[47]

---

[44] DIAS, Carlos Alberto da Costa. "Apropriação Indébita em Matéria Tributária", RT 717/343.

[45] SARTI, Amir José Finocchiaro. "A Apropriação indébita nos Impostos", RPGR 3/12.

[46] FILHO, Ney de Barros Bello. "Anotações ao Crime de Não Recolhimento de Contribuições Previdenciárias", RT 732/481.

[47] EISELE, Andreas. *Crimes contra a Ordem Tributária*, p. 157.

Há ainda precedente do Tribunal Regional Federal da 4ª Região, no qual se entendeu que "Não é correto afirmar que o não-recolhimento de tributos configura crime omissivo de conduta mista: a chamada 'conduta positiva inicial' consistente na arrecadação, por ter previsão na legislação tributária, não é 'conduta' para fins de enquadramento típico e sequer pode ser qualificada como 'atos preparatórios'." (Ap. Crim. nº 95.04.27412-9, Rel. Juiz Dória Furquim, 2ª T., un., DJU 2.5.96, p. 28.061)

Em sentido contrário coloca-se Heloisa Estellita Salomão, para quem "A descrição legal do delito é suficientemente clara e requer, textualmente, que a contribuição ou outra quantia tenha sido arrecadada."[48]

Também para Celso Kipper, "O delito de não recolhimento das contribuições arrecadadas dos segurados constitui-se, assim, em delito omissivo próprio, visto que a omissão está configurada no verbo nuclear do tipo penal (deixar), a abstenção da conduta devida é a base central da incriminação. Mais precisamente, trata-se de crime omissivo próprio cometido com uma ação inicial (também denominado de conduta mista), pois apresenta uma conduta positiva inicial, mas se consuma com a omissão. No caso, a ação inicial configura-se com a arrecadação dos segurados das contribuições devidas à seguridade social, efetivada com o desconto de tais quantias dos salários dos empregados. A fase final consiste na omissão (propriamente dita) do recolhimento aos cofres públicos das quantias descontadas."[49]

A razão está com quem afirma que o arrecadar não integra a conduta. Em primeiro lugar, pela impossibilidade de se imaginar um "descontar" em sentido físico, como acima alinhado. Em segundo lugar, porque aí haveria criminalização de ato lícito. Mais que isso, é uma

---

[48] SALOMÃO, Heloisa Estellita. "O Crime de Não-Recolhimento de Contribuições Previdenciárias", Revista da Procuradoria-Geral do INSS, 3/38.

[49] KIPPER, Celso. "Breves Considerações Sobre o Não-Recolhimento de Contribuições Previdenciárias", AJURIS, 58/325.

obrigação imposta ao agente pela legislação tributária. Quer dizer, ao realizar a arrecadação o empresário não comete crime algum. Ao contrário, está cumprindo seu dever legal.

Acrescento que há uma impossibilidade material de exigir o "prévio" desconto como integrante da conduta ou mesmo como pressuposto material do delito. É que o prazo para o recolhimento da remuneração referente ao mês de competência vence no dia 2 do mês seguinte e nesta data estará consumado o delito. Exemplificando, o prazo para o recolhimento das contribuições referentes ao mês de janeiro, ou seja, incidentes sobre a remuneração do trabalho prestado no mês de janeiro, terá que ser recolhida até o dia 2 de fevereiro. Pois bem, de acordo com o § 1º do art. 459 da CLT, "Quando o pagamento houver sido estipulado por mês, deverá ser efetuado, o mais tardar, até o quinto dia útil do mês subseqüente ao vencido." Em outras palavras, se o pagamento do salário for mensal, o crime estará consumado antes do pagamento, pois a arrecadação antecederá o pagamento dos salários. Mesmo na hipótese de pagamento semanal isto poderá acontecer em relação à parte dos valores.

Hipótese assemelhada poderá ocorrer no caso de produtor rural, quando houver consignação dos produtos ou mesmo no caso de venda à prazo com pagamento posterior ao vencimento do prazo para recolhimento da contribuição (o dia 2 do mês seguinte ao da competência), pois em ambos os casos o pagamento do preço se dará após a consumação do delito.

Por todo o exposto, a resposta à pergunta se o "arrecadar" ou "descontar" integra ou não a conduta tem que ser negativa. O desconto é legalmente presumido, pois faticamente é uma operação meramente contábil ou escritural.

Mas, de outro lado, o objeto do não-recolhimento não é qualquer contribuição, mas a contribuição arrecadada, quer dizer, cobrada, segundo o dicionário Aurélio.

Fábio Bittencourt da Rosa, nessa linha, afirma que "O tipo penal se refere à omissão no recolhimento da contribuição descontada. Logo, se não havia o valor respectivo, inexistiu o crime. Imagine-se o empresário que gaste suas últimas disponibilidades com o pagamento do salário líquido dos empregados, ou que só tivesse tais disponibilidades no momento de tal pagamento. Evidente a inexistência do delito."[50]

Seria de perguntar, então, se a ocorrência do desconto pode ser vista como pressuposto material da ocorrência do delito, assim como a relação de assistência no crime de maus-tratos (CP, art. 136); a posse ou detenção na apropriação indébita; o crime anterior na receptação (CP, art. 180); no peculato culposo (CP, art. 312, § 2º) e na lavagem de dinheiro (Lei nº 9.613/98, art. 1º).

Tem-se que a circunstância, já demonstrada, de que o prazo para recolhimento pode ser anterior ao pagamento dos salários ou da produção agrícola, afasta tal possibilidade.

Em verdade, o que a lei estabelece é um direito e um dever ao responsável pelo recolhimento, como "mera fonte retentora provisória".[51] O direito de pagar ao empregado ou produtor rural valor menor que o de sua remuneração ou produção. E o dever, como conseqüência desse pagamento a menor, de recolher tal diferença aos cofres públicos. Figura ele como responsável tributário, na forma do art. 128 do CTN. Para Ives Gandra da Silva Martins, comentando a retenção do Imposto de Renda Retido na Fonte, cuida-se de "função

---

[50] ROSA, Fábio Bittencourt da. "Crimes e Seguridade Social", Revista de Informação Legislativa, 130/249, sep. No mesmo sentido se manifestam: Miguel Reale Júnior, em artigo intitulado "Não há apropriação indébita por assemelhação", RT 752/476 e Ives Gandra da Silva Martins, na obra *Da Sanção Tributária*, pp. 109-10.

[51] MONTEIRO, Samuel. *Dos Crimes Fazendários*, p. 5.

efetivamente delegada pela administração pública ao responsável"[52]

Bem por isso, ao empregador - ou adquirente da produção agrícola - não é dado deixar de proceder ao desconto, que é presumido, como dispõe o § 5º do art. 33 da Lei do Custeio da Previdência Social, pelo qual "O desconto de contribuição e de consignação legalmente autorizadas sempre se presume feito oportuna e regularmente pela empresa a isso obrigada, não lhe sendo lícito alegar omissão para se eximir do recolhimento, ficando diretamente responsável pela importância que deixou de receber ou arrecadou em desacordo com o disposto nesta Lei." Quer dizer, comprovado o pagamento dos salários, presume-se a ocorrência dos descontos.

Assim à acusação compete comprovar o pagamento dos salários ou a comercialização da produção agrícola, presumindo-se a ocorrência do desconto.

O ônus da prova na matéria, a fim de quebrar a presunção relativa de ocorrência do desconto, é da defesa, nos termos do art. 156 do Código de Processo Penal. Caso a defesa falhe em comprovar a existência de recursos apenas para o pagamento dos salários líquidos, o juiz presumirá a ocorrência do desconto. Vale lembrar, à propósito, acórdão do Tribunal Regional Federal da 1ª Região no qual se decidiu que "A prova do desconto da contribuição previdenciária demonstrada pela folha de pagamento não pode ser destruída pela prova testemunhal, desprovida de qualquer elemento de convicção." (AC nº 93.01.03062-4/MG, Rel. Juiz Tourinho Neto, DJU 26.9.94, p. 54.108)[53]

Nem se diga que a presunção não encontra espaço em matéria penal, pois presume-se de forma absoluta a imputabilidade do embriagado voluntária ou culposa-

---

[52] MARTINS, Ives Gandra da Silva. *Da Sanção Tributária*, p. 108.

[53] No mesmo sentido: TRF 4ª R., Ap. Crim. nº 1998.04.01.036491-5/RS, Rel. Juiz Fábio Bittencourt da Rosa, 1ª T., un., DJU 23.6.99, p. 406.

mente (CP, art. 28, II) e a inimputabilidade do menor de 18 anos (CP, art. 27); e de forma relativa a violência em certos crimes contra os costumes (CP, art. 224). Do mesmo modo, no delito de calúnia, tem sido entendido que o ônus da prova na exceção da verdade é do excipiente. Assim, se este não consegue provar a verdade, prevalece "a presunção *juris tantum* de falsidade que é inerente à figura da calúnia." (STF, HC 69.270-2/RS, Rel. Min. Ilmar Galvão, 1ª T., DJU 19.2.93, RT 638/311).

Em regra a comprovação do pagamento se fará por meio documental, devendo a denúncia estar embasada no procedimento administrativo-fiscal, ao qual deverão estar anexadas cópias de documentos que evidenciem o desconto. Como já decidiu o Tribunal Regional Federal da 4ª Região, "A notificação fiscal idônea, juntamente com outras provas documentais, e a confissão do acusado, suprem a ausência da perícia contábil, que, neste caso, mostrou-se desnecessária para provar a materialidade delitiva, ante a inexistência de dúvida sobre os descontos e a inexistência do recolhimento." (Ap. Crim. nº 95.04.23200-0/RS, Rel. Juiz Gilson Dipp, 1ª T., un., DJU 15.5.96, p. 31.089)

Em sentido contrário, asseverou o então Juiz Ari Pargendler que "A falta de recolhimento de contribuições descontadas dos salários dos empregados constitui crime cuja punição exige, como prova de sua prática, mais do que a fotocópia de peças do processo administrativo-fiscal que apurou o crédito tributário." (Ap. Crim. nº 93.04.41390-7/RS, 1ª T, DJU 22.6.94, p. 33.260). Em outro aresto, votou vencido o mesmo julgador, sustentando que "A comprovação do débito fiscal não é suficiente para que, no processo penal, se extraia, daí, a condenação do réu, tendo em vista não poder equiparar-se a prova da existência do débito tributário com a prova de crime contra a ordem tributária." (Ap. Crim. nº 93.04.17125-3/RS, Rel. Juiz Paim Falcão, 1ª T.) A mesma posição foi sustentada no julgamento da Ap. Crim. nº

93.04.42552-2/RS, relatado pela Juíza Ellen Northfleet, no qual restou vencido o hoje Ministro Ari Pargendler, que considerou "indemonstrada a denúncia, se a confissão é confortada apenas por cópia de procedimento fiscal, cujas peças sequer dizem respeito à totalidade do período em que o crime teria sido cometido."

Assim, demonstrada documentalmente a ocorrência do pagamento pelo procedimento administrativo-fiscal, instruído com cópias dos contracheques, envelopes ou demonstrativos de pagamento, ou mesmo de outros documentos contábeis, será lícito concluir pela existência dos descontos, inclusive pela "presunção *iuris tantum* da certeza e liquidez do crédito constituído pela administração da previdência social". (TRF da 4ª Região, RSE nº 91.04.09330/RS, Rel. p/ acórdão Juiz Gilson Dipp, 3ª T., m., DJU 29.1.92, p. 914). A circunstância de que, usualmente, os documentos não digam respeito a todos os valores descontados explica-se por razões de ordem prática: imagine-se o volume que teriam os autos se instruídos com cópias dos contracheques de todos os empregados de uma empresa com mil empregados, ao longo de três anos de omissão. Mais que isso, não se poderia esperar do Juiz que somasse um a um todos os valores.

Como já decidiu o TRF da 4ª Região, em julgado no qual se discutia crime contra o Sistema Financeiro Nacional no qual a acusação estava embasada em relatório de vistoria realizado pelo BACEN, é "irrelevante a alegação de que o servidor que assinou o contrato não era contador." (HC nº 97.04.42270-9/SC, Rel. Juiz Jardim de Camargo, 2ª T., un., DJU 8.10.97, p. 83.292)

Não raro alega a defesa que o desconto não foi efetuado, pela praxe de pagar aos empregados o salário integral, sem desconto, de modo que o recolhimento seria feito com recursos próprios; ou que o numerário disponível era suficiente apenas para o pagamento dos salários líquidos dos empregados. Reconheço que a primeira hipótese, embora constitua alegação comum, é praticamente impossível de ser provada. Mais que isso, é irrelevante. É que, se a remuneração do empregado é de R$ 200,00, deverão ser recolhidos R$18,00 a título de contribuição, enquanto o empregado receberá R$182,00 de salário. Se o empregado recebe R$200,00 a título de salário, sua verdadeira remuneração - já que o desconto da contribuição é compulsório - será de R$220,00, passando a ser esta a base de cálculo da contribuição devendo ser recolhidos R$19,80 a título de contribuição. Nesta hipótese, se os documentos registram remuneração de R$200,00, não registram a realidade. Deste modo, não pode ser aceita a linha de defesa que afirma o pagamento integral da remuneração, sem desconto, pelo tratamento tributário dado à matéria. Em abono da tese adotada, há precedente do Tribunal Regional Federal da 4ª Região, no qual se afirmou que "Pelo sentido da lei, a empresa contribuinte não pode pagar salários sem que deles desconte o valor relativo às contribuições previdenciárias, eis que não pagando o valor total prefere o pagamento parcial que sacrifica a previdência." (Ap. Crim. nº 96.04.52181-0/PR, Rel. Juiz Gilson Dipp, 1ª T., un., DJU 11.6.97, p. 42.837). Como consectário deste entendimento, já entendeu a mesma Corte que o procedimento a ser adotado na hipótese de existência apenas do numerário para o pagamento do valor líquido dos salários seria o pagamento reduzido para os trabalhadores e o INSS, proporcionalmente (RSE nº 94.04.07725-9/SC, Rel. Juiz Ari Pargendler, TRF da 4ª R., 1ª T., DJU 25.5.94, p. 25.439).

Resta a segunda hipótese, de gasto dos últimos recursos da empresa com o pagamento da folha líquida. Havendo prova de tal situação, que não é, todavia, fácil, estará elidida a presunção de desconto com o pagamento dos salários. Neste caso não haverá o crime.

Por fim, importa esclarecer que a alteração dos vocábulos "descontado ou cobrado" (Lei nº 8.137/90, art. 2º, II) para "arrecadada", não tiveram maior influência na estrutura do tipo, pois, segundo o Dicionário Aurélio, arrecadar é sinônimo de cobrar tributos. Deste modo, não há diferença substancial entre os tipos do inciso II do art. 2º da Lei nº 8.137/90 e da alínea *d* do art. 95 da Lei nº 8.212/91. Sem razão, então, Andreas Eisele, ao afirmar que "...enquanto o art. 2º, II, da Lei nº 8.137/90, eleva a mera dívida inadimplida à categoria de crime por prever o não recolhimento do valor 'descontado ou cobrado', ainda que não efetivamente recolhido ou recebido, a Lei nº 8.212/91 exige a arrecadação de fato do valor..."[54]

A fraude não é elementar do delito, que se consuma independentemente da utilização de qualquer subterfúgio para dificultar a apuração do fato pela fiscalização. Assim, mesmo que a empresa tenha escrita regular e registre em sua contabilidade todos os valores descontados e não recolhidos, ocorrerá o delito. A circunstância de a empresa possuir contabilidade regular e não opor obstáculos à fiscalização poderá ser considerada como circunstância judicial favorável. Ao contrário, eventuais obstáculos poderão ser tomados em desfavor do réu na primeira fase da aplicação da penal. Nessa linha, decidiu-se na Corte Regional Federal da 4ª Região que "É irrelevante, para fins penais, o procedimento contábil da empresa, por não se tratar de sonegação fiscal. A inexistência de fraude na contabilização não implica, necessariamente, na ausência de recolhimento de contribuições previdenciárias descontadas dos salários dos empregados." (HC nº 95.04.12125-0/SC, Rel. Juíza Tania Escobar, 2ª T., un., RTRF 21/389). Em sentido contrário, exigindo a demonstração da fraude, mas sem razão, de acordo com a argumentação acima expendida, manifestou-se o TRF da 5ª Região, por sua 3ª Turma, ao julgar o *habeas corpus* nº 94.05.00407/CE, Relator o Juiz Lázaro Guima-

---

[54] EISELE, Andreas. *Crimes contra a Ordem Tributária*, p. 165.

rães, publicado no DJ de 5.8.94, p. 41.676. Aliás, se houver fraude, o crime será o do art. 1º da Lei nº 8.137/90, e não aquele previsto na alínea *d* do art. 95 da Lei nº 8.212/91.

Além de não se exigir a fraude, também não constitui elementar a apropriação do dinheiro, assim entendido o ato de apropriar-se, ou seja, tomar para si, apoderar-se, assenhorear-se, agir como dono. Não se exige, tampouco, que se evidencie o desvio, a destinação do dinheiro em fim diverso daquele determinado pela lei. Se assim fosse, o tipo utilizaria os verbos "apropriar-se" ou "desviar", como fez no art. 312 do Código Penal. O mesmo ocorria com o crime previsto no art. 2º do Decreto-Lei nº 326/67, acima transcrito, que apresentava como elementar a "utilização do produto da cobrança do imposto sobre produtos industrializados em fim diverso do recolhimento do tributo", a evidenciar a necessidade do desvio. No caso, porém, como já afirmado, basta a omissão no recolhimento da contribuição descontada para que se configure materialmente o delito. Em abono da tese acima, cito precedentes do Tribunal Regional Federal da 3ª Região, onde já se decidiu que "O crime do art. 95 da Lei 8.212/91 é omissivo próprio e se consuma com a falta de recolhimento da contribuição. A apropriação de valores não é elemento constitutivo do tipo legal em apreço." (HC nº 96.03.020402/SP, Rel. Juiz André Nabarrete, 5ª T., m., DJU 29.10.96, p. 82.421). A comprovação do desvio poderá ser tomada como circunstância desfavorável na primeira fase da aplicação da pena.

2.6.2. *Objeto material*

Objeto material do crime é a contribuição arrecadada e não recolhida. Assim, na denúncia deverá necessariamente figurar o valor omitido, destacando-se o principal das multas e dos juros, bem como do acréscimo decorrente da atualização monetária. Nada impede que a denúncia refira o valor do principal atualizado com os acréscimos legais, mas deverá também esclarecer qual é o valor histórico do principal. Isso porque a correção monetária, as multas e os juros não foram "arrecadados" dos segurados, mas agregados posteriormente, de modo que não são objeto do delito.[55]

Caso haja extinção da punibilidade em relação a alguns dos fatos pela prescrição ou pagamento, os valores referentes a tais períodos não deverão ser incluídos na denúncia. A inicial deve, ainda, descrever os valores correspondentes a cada administrador, caso tenha havido sucessão no comando da empresa. Somente assim estará plenamente atendido o comando do artigo 41 do CPP, no ponto em que determina deva conter a denúncia a descrição do fato delituoso, com todas suas circunstâncias.

A omissão no recolhimento pode ser total - hipótese mais comum - ou parcial. "O recolhimento apenas parcial do tributo também já configura o crime em questão."[56] Neste caso, porém, deve o fato merecer especial atenção, pela possibilidade de ocorrência de mero equívoco, especialmente se o valor omitido for diminuto frente ao total, caso em que não haverá o delito por ausência de dolo. O fato constitui, ainda, indício de que o recolhimento não se deu por dificuldade financeira, o que afasta a culpabilidade, como se verá.

Ainda assim, já decidiu o TRF da 4ª Região que "Descabe, em ação penal, para fugir da tipicidade da conduta, impugnar o valor consignado na notificação fiscal de lançamento de débito. O delito consuma-se independente do valor não-recolhido. Por qualquer discordância sobre o *quantum* questionado pode o réu valer-se dos remédios cíveis cabíveis, na via administrativa ou judicial." (Ap. Crim. nº 95.04.29668-8/RS, Rel.

---

[55] Neste sentido: MONTEIRO, Samuel. *Dos Crimes Fazendários*, p. 13.

[56] DECOMAIN, Pedro Roberto. *Crimes contra a Ordem Tributária*, p. 95.

Juiz Vilson Darós, Turma de Férias, DJU 11.9.96, p. 67.334). Deverá ser verificada, porém, a existência do dolo de não recolher. Assim, se a omissão decorre de erro, esquecimento ou equívoco, não haverá o delito. Não inibirá a ação penal a circunstância de que os valores tenham sido arbitrados com base em elementos outros que não aqueles usualmente utilizados pela autoridade administrativa, que são as folhas e os recibos de pagamento. Se estes documentos forem indignos de fé, a autoridade fiscal poderá fazer o lançamento com base na relação anual de informações sociais (RAIS) ou outros documentos, com fundamento no art. 148 do CTN. Neste caso, desde que haja comprovação razoável da ocorrência do fato gerador, que é o pagamento dos salários, presume-se o desconto e haverá o crime. O TRF da 4ª Região já decidiu, porém, em sentido contrário, em acórdão assim ementado:

"Penal. Falta de recolhimento de contribuições previdenciárias descontadas dos salários dos empregados.

A falta de recolhimento de contribuições previdenciárias descontadas dos salários de empregados só pode ser punida quando efetivamente comprovada. Hipótese em que os valores foram arbitrados, não sendo possível identificar se dizem respeito ao período em que o réu esteve na gerência da sociedade. Apelação provida." (Ap. Crim. nº 92.04.37107-2/RS, Rel. p/ Acórdão Juiz Ari Pargendler, 1ª T., un., DJU 1.6.94, p. 28.390)

Não haverá o crime quando não forem recolhidas: contribuições da empresa, a chamada cota patronal; do segurado empresário (LCSS, art. 11, III); as contribuições para o Fundo de Garantia do Tempo de Serviço; Contribuição para o Financiamento da Seguridade Social - COFINS e contribuição para o Programa de Integração Social - PIS. Isso porque a lei impõe à empresa a obrigação de descontar e recolher apenas as contribuições dos segurados empregados e avulsos (LCSS, art. I, *a*). O segurado empresário é obrigado a recolher sua contribuição, "por iniciativa própria", nos estritos termos do inciso II do artigo 30 da lei. Quanto às demais, são contribuições da própria empresa, cuja omissão no recolhimento configura mero inadimplemento civil. O STF, apreciando questão que envolvia o delito previsto no inciso II do art. 2º da Lei nº 8.137/90, em tudo e por tudo assemelhado a este que ora se examina, assim se manifestou: "O não-recolhimento das contribuições devidas ao FGTS e ao PASEP, que não são descontadas dos funcionários, mas suportadas exclusivamente pelo empregador; não é crime, pois a Lei 8.137/90 se refere apenas à contribuição social descontada ou cobrada na qualidade de sujeito passivo e que deveria ser recolhida aos cofres públicos." (1ª T., Rel. Min. Moreira Alves, DJU 24.11.95, p. 40387). No mesmo diapasão o Tribunal Regional Federal da 4ª Região ao afirmar que "Não se tipifica como apropriação indébita o não recolhimento da contribuição previdenciária da parte patronal, pois nada mais é que inadimplemento próprio." (RSE nº 90.04.22103/RS, Rel. p/ o Ac. Juiz Dória Furquim, 2ª T., m., DJU 19.6.91, p. 14.177).

Igualmente não estará configurado o delito se não houver pagamento de salários aos empregados, pois aí não ocorrerá o fato gerador da obrigação tributária.

O tipo menciona a omissão no recolhimento de contribuição "ou outra importância" descontada. Evidentemente que poderão haver outros descontos compulsórios, por exemplo, de obrigação alimentar (CPC, art. 734), de contribuição sindical (CLT, art. 545), de execução da multa (LEP, art. 168). Também é permitido ao INSS arrecadar e fiscalizar, mediante remuneração da entidade favorecida, contribuições devidas por lei a terceiros como para o SESI/SENAI, SESC/SENAC, SEST/SENAT e SEBRAE (LCSS, art. 94). Isso sem falar na possibilidade de descontos autorizados pelo empregado em favor de associações ou clubes. Em todos estes casos, serão descontadas "outras importâncias", as quais, porém, não serão devidas à Seguridade Social, de modo que a eventual omissão por parte do empregador não configurará o crime em exame. Poderá, eventualmente, ocorrer apropriação indébita propriamente dita (CP, art. 168).

Afigura-se possível, porém, a ocorrência do crime em estudo com valores outros que não as contribuições devidas pelos segurados, no caso do art. 91 da LCSS, que reza:

"Art. 91. Mediante requisição da Seguridade Social, a empresa é obrigada a descontar da remuneração paga aos segurados a seu serviço, a importância proveniente de dívida ou responsabilidade por eles contraída junto à Seguridade Social, relativa a benefícios pagos indevidamente."

Nessa hipótese, cuida-se de benefícios pagos indevidamente, e não de contribuições, ou seja, de "outra importância" devida à seguridade social e arrecadada dos segurados. Caso não haja o recolhimento das importâncias arrecadadas à requisição da seguridade social, nos termos do dispositivo acima transcrito, estará configurado o delito.

Os valores terão sido arrecadados "do público", e não "dos segurados", como previsto na parte final do dispositivo, na hipótese das loterias. Com efeito, dispõe o inciso III do art. 195 da Constituição sobre as contribuições sociais incidentes sobre as receitas dos concursos de prognósticos. Disciplinando a matéria, o art. 26 da Lei nº 8.212/91, com a seguinte redação:

"Art. 26. Constitui receita da Seguridade Social a renda líquida dos concursos de prognósticos.

§ 1º Consideram-se concursos de prognósticos todos e quaisquer concursos de sorteios de números, loterias, apostas, inclusive as realizadas em reuniões hípicas, nos âmbitos federal, estadual, do Distrito Federal e municipal.

§ 2º Para efeito do disposto neste artigo, entende-se por renda líquida o total da arrecadação, deduzidos os valores destinados ao pagamento de prêmios, de impostos e de despesas com a administração, conforme fixado em lei, que inclusive estipulará o valor dos direitos a serem pagos às entidades desportivas pelo uso de suas denominações e símbolos. § 3º Durante a vigência dos contratos assinados até a publicação desta Lei com o Fundo de Assistência Social (FAS) é assegurado o repasse à Caixa Econômica Federal (CEF) dos valores necessários ao cumprimento dos mesmos."

Caso se trate do mero repasse dos custos das contribuições ao público em geral, excetuada a hipótese das loterias, poderá configurar-se o crime da alínea *e*, que consiste em "deixar de recolher contribuições devidas à Seguridade Social que tenham integrado custos ou despesas contábeis relativas a produtos ou serviços vendidos;".

2.6.3. Elemento temporal

O tipo apresenta um elemento temporal, decorrente da referência à "época própria", para recolhimento, que será o prazo para tanto fixado na Lei de Custeio e não eventual prazo concedido para o recolhimento durante a ação fiscal. Na mesma linha, eventual concessão de parcelamento não modificará a época própria a que alude o tipo.[57] Sobre essa elementar do tipo, remeto o leitor ao item 2.10, quando examinada a consumação do delito.

---

[57] Nessa linha o parecer citado por Lúcio Ferreira Ramos no verbete "Apropriação Indébita na Previdência Social" *in Enciclopédia Saraiva do Direito*, v. 7, p. 295.

2.7. Tipicidade material e princípio da insignificância

Há uma tendência na moderna doutrina e na jurisprudência no sentido da aceitação de que o juízo de tipicidade não é meramente formal, ou seja, não se dá pela fria análise da adequação dos fatos em julgamento à norma abstratamente prevista. Mais que isso, exige-se a concorrência de uma tipicidade material, entendida "ofensa material significativa ou de perigo potencialmente relevante de dano ao bem jurídico".[58] Assim, haverá fatos que, embora formalmente adequados ao tipo penal, por sua pequena expressão e pouca lesividade, não chegam a ofender ou colocar em perigo o bem jurídico penalmente tutelado, não podem ser tidos como penalmente típicos, constituindo a chamada criminalidade de bagatela, que não justifica o acionamento do aparelho penal repressor.

Esta, em rapidíssimas linhas, a construção do chamado princípio da insignificância, também aceito na jurisprudência, inclusive no crime em exame, como se vê da ementa a seguir:

"Penal. Delito de não recolhimento de contribuições previdenciárias. Insignificância jurídica. Crime de bagatela. Absolvição.
1. Não obstante a adequação fática da conduta ao tipo penal imputado ao agente, constatando-se como irrisório o valor atualizado do débito, bem como, o parcelamento, e integral pagamento, realizado após o recebimento da denúncia, pelo princípio da insignificância jurídica, absolve-se o réu, denunciado por crime de natureza fiscal, contra a administração pública, impondo-se o reconheci-

---

[58] LOPES, Maurício Antônio Ribeiro. *Princípio da Insignificância no Direito Penal*, p. 112, cabendo o registro do pioneirismo de ODONE SANGUINÉ no trato da matéria no País, nos Fascículos de Ciências Penais.

mento da bagatela, que pelo desvalor da culpabilidade perante o fato, dispensa a pena." (TRF da 4ª Região, Ap. Crim. nº 95.04.60590-7, Rel. Juíza Tania Escobar, 2ª T., un., DJU 17.12.97, p. 110.787)

Com efeito, em época informada pelo princípio da intervenção mínima em matéria penal, consubstanciado pela criminalização apenas das condutas que ofendem - de forma efetiva - os bens jurídicos mais caros à sociedade; bem como de crise da pena de prisão, não se justifica a condenação pelo delito em exame quando pouco expressivo o valor que não foi recolhido.

A dificuldade está em determinar no caso concreto o que pode ser tomado como insignificante. Em se tratando de crimes fiscais, porém, a própria União forneceu um patamar ao determinar a extinção de todo e qualquer crédito do INSS oriundo de contribuições sociais por ele arrecadadas quando o total das inscrições em dívida ativa para um devedor seja inferior a R$ 1.000,00 (um mil reais) ou cada lançamento inferior a R$ 500,00 (quinhentos reais). Em ambas as hipóteses, os limites consideram todos os acréscimos e levam em conta os débitos inscritos ou lançados, respectivamente, até 30 de novembro de 1996, tudo nos termos da Lei nº 9.441, de 14 de março de 1997. Ainda que se cuide de norma transitória, de efeitos limitados no tempo, estabelece um rumo que não pode ser ignorado pelo julgador.

Efetivamente, se não há interesse sequer em promover a execução civil de tal débito, muito menos poderá ele justificar a imposição de pena, considerado o Direito Penal como último recurso para a manutenção da ordem jurídica.

A propósito, já decidiu a Corte Regional Federal da 4ª Região que "Aplica-se o princípio da insignificância, para absolver o réu, se as contribuições previdenciárias que ele deixou de recolher aos cofres públicos tem valor inferior ao limite anistiado pela Lei 9.441/97." (Ap.

Crim. nº 95.04.62455-3/PR, Rel. Juiz José Fernando Jardim de Camargo, 2ª T., un., DJU 21.1.98, p. 337).

Seria inconveniente, de todo modo, a alteração do tipo penal para integrar no próprio dispositivo um valor mínimo a partir do qual a conduta seria considerada criminosa, de modo que as condutas que envolvessem valores inferiores estariam sujeitas somente à sanção administrativa, como ocorre na legislação espanhola e argentina. A norma teria a vantagem de livrar da persecução criminal os micro e pequenos empresários, aliviando a carga do sistema para os feitos de maior gravidade. De outro lado, haveria um engessamento da liberdade do juiz na apreciação dos fatos insignificantes. Demais disso, condutas que por si são efetivamente danosas, pela utilização de fraude, acabariam impunes.

2.8. Tipo subjetivo

"En conclusión, el tipo debe renunciar a cualquier elemento subjetivo del injusto por ser perturbador e innecesario esta exigencia por crear problemas de imputación, por restringir objetivamente la punibilidad del tipo y por las posibilidades para los sospechosos de ocultar los verdaderos hechos." (Rosario de Vicente Martínez)

2.8.1. O tipo doloso

Não há forma culposa, à míngua de previsão legal, embora a imprudência possa gerar omissão no recolhimento. Assim, o elemento subjetivo é o dolo, ou seja, a vontade livre e consciente de não recolher a contribuição previdenciária arrecadada dos empregados. Na doutrina tradicional, é o dolo genérico. Não se exige para a configuração do crime o ânimo de apropriação, que representaria o elemento subjetivo do tipo, na doutrina finalista; ou o dolo específico, para os causalistas, como ocorre no crime de apropriação indébita previsto no art. 168 do Código Penal, dado revelado pela utilização do verbo nuclear "apropriar-se".[59]

O desconhecimento da exata quantia omitida não afastará o dolo da conduta, uma vez que é suficiente o dolo eventual ou indireto. Segundo Suarez Gonzales, comentando o art. 305 do Código Penal Espanhol, "As dificuldades práticas que suscita a exigência de que o dolo se projete sobre a quantia defraudada podem ser solucionadas através do dolo eventual, no sentido de que ainda que o autor desconheça exatamente a quantia suprimida, aceita ou consente a quantidade defraudada."[60]

O Supremo Tribunal Federal, apreciando questão relativa ao delito previsto no inciso II do artigo 2º da Lei nº 8.137/90, estruturalmente assemelhado àquele que ora se examina, decidiu que basta, para configurar o dolo, a vontade livre e consciente de não recolher aos cofres públicos o produto dos valores descontados (HC 76.044-9/RS, Rel. Min. Octávio Gallotti, 1ª T., un., j. em 31.10.97). Mais recentemente, no julgamento do HC 76.978-1/RS, Rel. Min. Maurício Correa, 2ª T., un., publicado no DJU de 19.2.99, a Corte Suprema, desta feita apreciando questão que envolvia especificamente o crime de omissão no recolhimento de Contribuições descontadas dos empregados, firmou idêntico entendimento. No mesmo sentido, pela desnecessidade do especial fim de agir, vem se manifestando o Tribunal Regional Federal da 4ª Região, asseverando que " (...) A conduta descrita no tipo penal do artigo 95, letra *d*, da Lei 8.212/91, é daquelas contidas no tipo dos crimes omissivos próprios, centrada no verbo nuclear 'deixar de recolher'.

---

[59] Nesse sentido se manifesta Celso Kipper, art. cit., p. 326.

[60] SUAREZ GONZALES, Carlos. *Comentários al Codigo Penal*, p. 875.

Para a existência do crime que descreve uma conduta negativa, consistindo a transgressão da norma jurídica na simples omissão e não se exigindo qualquer resultado naturalístico, basta que o autor se omita quando deve agir. O dolo é o genérico e está configurado na vontade livre e consciente de descontar dos salários dos empregados os valores correspondentes à contribuição previdenciária e deixar de recolhê-las à Previdência Social, sendo desnecessário demonstrar a inversão da posse ou o *animus rem sibi habendi*, já que não são elementos subjetivos do tipo. (...) " (*Habeas Corpus* nº 96.04.01987-2/RS, Rel. Juíza Tania Escobar, 2ª T., un., DJU 20.03.96, p. 17.104). Em outro julgado da mesma Corte, afirmou o Juiz Vilson Darós que, no crime em comento, "...a lei não cogita da boa ou má-fé do agente. O delito consuma-se com a respectiva omissão no recolhimento, sem necessidade de se indagar qual o elemento subjetivo que integra o *animus* do agente." (Ap. Crim. nº 95.04.16786-1/RS, Turma de Férias, un., DJU 14.8.96)

O extinto Tribunal Federal de Recursos, ao tempo da vigência do art. 86 da Lei nº 3.807/60, em voto da lavra do Min. Amarílio Benjamin, havia firmado o entendimento de que "...o crime de apropriação indébita de contribuições da Previdência Social (...) há de resultar da intenção manifesta do contribuinte de fazê-las suas." (RTFR 22/86). A decisão partia, porém, do pressuposto de que a LOPS equiparava substancialmente o fato ali previsto à apropriação indébita, que exige o *animus rem sibi habendi* para sua configuração.

A Quinta Turma do Superior Tribunal de Justiça, a seu turno, no julgamento do REsp. nº 79183 - PE, decidiu que "Para a caracterização do delito previsto na Lei 8.212/91, Art. 95, *d*, é imprescindível a existência do elemento subjetivo do tipo, consistente na vontade de apropriar-se indevidamente dos valores devidos à previdência." (Rel. Min. Edson Vidigal, un., DJU 24.11.97, p. 61.261).

Acompanha tal entendimento a jurisprudência do Tribunal Regional Federal da 5ª Região, transcrevendo-se, dentre muitos outros, o seguinte aresto: *"Apropriação indébita* - Contribuições Previdenciárias - *Habeas corpus* - O crime definido pelo artigo 95 da Lei 8.212/91 não se configura sem a vontade de apropriar-se dos valores não recolhidos. Interpretar tal norma como definidora de crime de mera conduta é colocá-la em conflito com a norma da Constituição que veda a prisão por dívida. O ânimo de apropriar-se está ausente se o débito foi parcelado e novado, desaparecendo a ilicitude antes mesmo do oferecimento da denúncia. Ordem concedida". (TRF da 5ª Região, 1ª T., Rel. Hugo Machado, j. 1º.12.94, DJU 10.03.96, p. 12.603). Em outro julgado daquela Corte, entendeu-se que "Para se considerar típica a ação perpetrada pelos acusados, faz-se mister a demonstração efetiva da manifesta intenção em não efetuar o dito repasse, desviando os recursos de sua destinação legal." (Ap.Crim. nº 96.05.01606-2/AL, Rel. Juiz Élio Wanderley de Siqueira Filho, 2ª T., un., DJU 19.9.97, p. 76.400).

Também o Tribunal Regional Federal da 2ª Região assim já decidiu, afirmando que "Para que haja a infração penal, é preciso estar evidenciado o desvio das importância em proveito próprio ou alheio." (HC nº 227157/96, Rel. Des. Fed. Valmir Peçanha, 3ª T.)

Caso admitido que o tipo exige o ânimo de apropriação para sua configuração, este restaria descaracterizado pelo fato de o contribuinte declarar ao fisco a existência do débito, bem como pelo recolhimento posterior, ainda que fora do prazo, pois estes atos são incompatíveis com o ânimo de apropriação. Idêntico raciocínio se aplicaria aos casos em que há pedido de parcelamento.

Com a devida vênia aos defensores do entendimento por último relatado, caso fosse intenção da lei exigir o elemento subjetivo, utilizaria o verbo nuclear apropriar-se, como na apropriação indébita e no delito previsto no art. 5º da Lei nº 7.492/86. Ao utilizar a locução "deixar de recolher", além de alterar a estrutura do tipo, de comissivo para omissivo, afastou a necessidade do ânimo de apropriação para a configuração do delito.

Admite-se, contudo, a absolvição por inexistência de dolo quando a contribuição é recolhida logo em seguida ao término do prazo, evidência de que a omissão no recolhimento se deu por mero descuido ou esquecimento. Como o delito em questão não admite forma culposa, o fato será atípico. Claro está que o dolo deverá ser apurado no momento da ocorrência do fato, e não posteriormente. O que se afirma é que o recolhimento posterior, com pequeno atraso, é um ato externo revelador de que no momento da omissão não havia o dolo. O mesmo vale para o caso de recolhimento a menor do que o total devido, desde que a diferença não seja expressiva, o que poderá evidenciar que o recolhimento a menor decorreu de mero engano, especialmente se o valor foi recolhido, ainda que a destempo.

Também outras situações em concreto poderão evidenciar, *a posteriori*, a ausência de dolo, como exemplifica julgado assim ementado: "Empresário que respondeu a dois processos por omissão no recolhimento de contribuições previdenciárias, por ser dono de duas firmas distintas, tendo sido absolvido no primeiro por comprovar quitação da dívida, mas não produziu a mesma prova no segundo feito, não pode ter reconhecida a extinção da punibilidade neste. No entanto, o pagamento de algumas parcelas da segunda dívida e a quitação total da original, demonstram a ausência de dolo do autor, pelo que deve ser absolvido." (TRF 4ª Região, 1ª T, Ap. Crim. 97.04.53268-7/PR, Rel. Juiz Vladimir Freitas, DJU 2.12.98, p. 146.)

Como adverte Ricardo Perlingeiro, "A regularidade da escrita não é causa de exclusão do dolo. O reconhecimento do débito pelo contribuinte não afasta a sua intenção de deixar de recolher a exação. Exigir para a caracterização do delito que haja omissão ou irregularidades na escrita é o mesmo que admitir a prática concomitante de dois delitos: o de deixar de recolher tributos e o de sonegação mediante fraude, que em última análise absorveria o primeiro."[61]

2.8.1.1. Compensação

Há ainda hipóteses nas quais o empregador deixa de recolher as contribuições buscando compensação com créditos que tem junto ao INSS. Por exemplo, suponha-se que a empresa tenha recolhido aos cofres da autarquia contribuições sobre os valores pagos a autônomos e administradores, com fundamento no inciso I do artigo 20 da Lei nº 8.212/91, julgada, no particular, inconstitucional pelo Supremo Tribunal Federal, em ação direta de inconstitucionalidade. Ou ainda que se cuide de hospital, que possua créditos a receber do Sistema Único de Saúde. Em ambos os casos, poderá o réu deixar de recolher as contribuições com a intenção de compensar seus créditos, como já autorizado, excepcionalmente em alguns diplomas legais.

Em verdade, mesmo que existente o crédito, a compensação dessas contribuições com aquelas do empregado não seria possível, por esbarrar no § 1º do artigo 89 da Lei nº 9.129, de 21 de novembro de 1995, segundo o qual somente se admite a compensação de contribuição *a cargo da empresa.*

Apesar disso, ainda que a compensação não seja regular do ponto de vista tributário, terá efeito na esfera penal. Uma solução possível é entender que, se o dolo do réu era no sentido da compensação, o delito ocorrido será o exercício arbitrário das próprias razões, capitulado no artigo 345 do Código Penal, que consiste em

---

[61] "Apropriação Indébita Tributária?" *in* Temas Atuais de Previdência Social, Homenagem a Celso Barroso Leite, São Paulo, LTr, 1998.

"Fazer justiça pelas próprias mãos, para satisfazer pretensão, embora legítima, salvo quando a lei o permite." Para a configuração desse delito "É irrelevante que a pretensão seja legítima ou ilegítima. Neste caso, porém, exige-se que o sujeito a suponha legítima. Como a lei fala em pretensão embora legítima, de admitir-se a ilegítima, necessitando, contudo, que o agente, por razões convincentes, a suponha lícita."[62] Noto, porém, que esse crime é de ação penal privada quando não há emprego de violência. Constatando o juiz que essa é a hipótese, a solução será a desclassificação para o crime de exercício arbitrário das próprias razões e a conseqüente declaração de extinção da punibilidade pela decadência, a não ser na remota hipótese de ter sido oferecida queixa-crime. A questão também poderá ser solucionada à luz da teoria do erro, como explicitado no item seguinte.

Há casos, porém, em que compensação é admitida, como por exemplo no caso das empresas hospitalares, de acordo com o artigo 14 da Lei nº 8.870, de 15 de abril de 1994, e também na Lei nº 9.711/98. Se assim for, a omissão no recolhimento terá afastada sua ilicitude, pois praticada no exercício regular de um direito (CP, art. 23, III), sem o dolo inerente ao delito. Em hipótese assemelhada, assim decidiu o Tribunal Regional Federal da 4ª Região, em acórdão assim ementado: "Se o agente deixou de recolher o IPI porque promoveu sua compensação com créditos de FINSOCIAL que pagara indevidamente, acobertado por liminar e, depois, por sentença em mandado de segurança, sua conduta não pode ser qualificada como antijurídica, caracterizando exercício regular de um direito (art. 23, III, do Código Penal), ainda que, posteriormente, aquela sentença seja reformada em grau de recurso. Conduta que, ademais, exclui o dolo do tipo imputado, já que revela a intenção

---

[62] JESUS, Damásio Evangelista de. *Direito Penal*, São Paulo, Saraiva, 1994, 4º v., 5ª ed., p. 264.

de o agente cumprir sua obrigação tributária, embora por via alternativa, também prevista em lei (Lei 8.383/91, art. 66), e mediante autorização judicial." (HC nº 1998.04.01.025638-9, 1ª T., un., j. em 9.6.1998)

Em sentido contrário ao entendimento acima exposto, mas analisando a questão por outro prisma, qual seja, o da extinção da punibilidade, o que faz com que não comprometa a tese ora levantada, entendeu o Tribunal Regional Federal da 4ª Região que "Não determina a extinção da punibilidade a compensação de contribuição social sobre as retiradas dos diretores e sobre pagamentos a autônomos, eis que depende tal modalidade de extinção de crédito tributário de autorização legal expressa para sua operacionalização, restringindo-se seus efeitos ao âmbito do direito tributário e a crédito específico." (HC nº 94.04.50867/PR, Rel. Juiz Ronaldo Ponzi, 3ª T., m., DJU 22.2.95, p. 8.839)

2.8.2. O erro de tipo

Conforme Toledo, erro de tipo "será todo erro ou ignorância que recai sobre circunstância que constitua elemento essencial do tipo legal. Pouco importa que essa circunstância sobre que recai o erro seja fático-descritiva ou jurídico-normativa. Em qualquer hipótese, tratando-se de elemento essencial do tipo, o erro será sempre erro de tipo."[63] A matéria é disciplinada pelo art. 20 do Código Penal.

O delito de que se cuida não é infenso ao erro, especialmente quanto à descriminante putativa do exercício regular de direito. Imagine-se a hipótese, antes ventilada, do empresário que deixa de recolher as contribuições escudado em medida liminar revogada em decisão da qual não teve ciência porque intimado apenas o advogado, o qual, por qualquer motivo, não comunicou a empresa, tudo devidamente comprovado.

---

[63] TOLEDO, Francisco de Assis. *Princípios Básicos de Direito Penal*, p. 267.

Nesta hipótese, o agente imagina, por erro invencível, situação de fato que, se existisse, tornaria a ação legítima. Como não há previsão de crime culposo, o fato ficaria isento de pena por força do § 1º do art. 20 do CP. Mais complexa é a situação quando o agente erra sobre a interpretação da lei tributária ou previdenciária, o que é, aliás, perfeitamente possível. Imagine-se o sócio-gerente que, pensando estar abrigado pela regra do art. 72 da LBPS, compensa com as contribuições arrecadadas os valores antecipados a título de "salário-maternidade" para a segurada empresária, que não tem direito a tal benefício (LBPS, art. 71). Figure-se ainda o caso do administrador que compensa as contribuições descontadas dos empregados com recolhimentos indevidos relativos a tributos considerados inconstitucionais, sem atender aos pressupostos da compensação. Se for razoável a interpretação da lei tributária dada pelo agente, estará afastado o dolo, entendido como vontade livre e consciente de omitir o recolhimento das contribuições arrecadadas. Na verdade, a vontade do agente aqui será o pagamento do tributo, mas por outra via. Bem por isso, não se cuida de erro de proibição, a afetar a culpabilidade, mas sim de erro de tipo, pois recai sobre um elemento do tipo penal, qual seja, o não-recolhimento do tributo. Assim, se invencível o erro, o fato será impunível.

Exemplo concreto da hipótese é o da ementa a seguir transcrita:

"Penal. Não recolhimento de contribuições previdenciárias. Cooperativa. Dirigentes. Extinção do FUNRURAL. Lei 8.212/91. Empregador rural. Segurado especial. Divergência entre matrícula e inscrição. Situação transitória. Irregularidade administrativa. Absolvição. Art. 386, V, e VI, do CPP.
1. Com a unificação da Previdência Social através das Leis 8.212/91 e 8.213/91, foram criadas novas categorias de contribuintes no meio rural, distin-

guindo o empregador rural em duas hipóteses. Anteriormente à edição da lei de regência da previdência, recolhiam-se as contribuições ao FUNRURAL.
2. Sendo os fatos denunciados, ocorrentes na fase de transição, sem a menor segurança no procedimento, tanto por parte dos responsáveis, quanto do agente arrecadador e fiscalizador; mesmo em sede de crime de mera conduta, não há como acolher a acusação do Estado, especialmente em se tratando de delito imputado as dois dirigentes máximos de uma Cooperativa, quando a gestão do empreendimento agrícola contava com Conselho Administrativo e Fiscal.
3. O conjunto probatório veio a demonstrar uma grande confusão burocrática. Não se verificando elementos seguros de prova, a demonstrar a prática dolosa de conduta típica, os fatos denunciados restaram, no máximo em infração administrativa, sem interesse ao Juízo criminal, impondo-se que se homenageie a sentença absolutória da origem, com base no art. 386, V, e VI, do Código de Processo Penal." (Ap. Crim. nº 95.04.50623-2/RS, Rel. Juíza Tania Escobar, 2ª T., un, DJU, 28.04.99, p. 918)

Na Espanha, de acordo com Suárez Gonzales, "é majoritária a opinião que entende que nas leis penais em branco a normativa que complementa o comportamento punível pertence ao tipo de injusto e que, portanto, um erro sobre esta normativa constitui um erro de tipo."[64]

2.9. Culpabilidade

"A falta de recolhimento de tributos só constitui crime quando resulta da vontade do agente, nele não incidindo quem está temporariamente impossibilitado de cumprir

---

[64] SUÁREZ GONZALES, Carlos. *Comentarios al Codigo Penal*, p. 877.

as obrigações fiscais. A lei pune o inadimplemento enquanto opção do contribuinte, ou seja, quando a atividade empresarial só pode ser mantida à custa do não-pagamento dos tributos ou quando o propósito é o de auferir ganhos através da evasão fiscal. Entre esses extremos - o daquele que resolve levar adiante seus negócios sem o pagamento dos tributos e o daquele que deixa de recolhê-los embora tenha condições para esse efeito, há uma gradação de casos em que o juiz deve decidir segundo a peculiaridade de cada qual." (TRF da 4ª Região, Rel. Juiz Ari Pargendler, Ap. Crim. nº 95.04.1543-0/RS, 1ª T., un.)

2.9.1. Dificuldades financeiras

2.9.1.1. Admissibilidade

Muitas vezes a omissão no recolhimento é motivada por dificuldades financeiras da empresa. Esta é, aliás, a alegação mais comum por parte dos réus, quando interrogados.

Inicialmente, houve uma certa resistência dos tribunais a reconhecer algum efeito jurídico a tal situação, sendo emblemático desse entendimento julgado em que foi relator o Min. Ari Pargendler, então, Juiz do Tribunal Regional Federal da 4ª Região, no qual eloqüentemente se afirmou que quem deixa de recolher as contribuições descontadas dos empregados "... está aproveitando recursos públicos para finalidades particulares. Nessa linha, toda e qualquer justificativa de tal conduta, para excluir-lhe a ilicitude, que se fundamenta em dificuldades financeiras da empresa, esbarra no fato de que ninguém pode-se aproveitar da receita pública para auferir vantagens pessoais. Dificuldades financeiras são remediadas por empréstimos, sempre onerosos, nunca pelo expediente fácil de transformar recursos públicos em recursos privados." (Ap. Crim. nº 93.04.10430-0/RS, Rel. Juiz Ari Pargendler, RTRF 4ª Região, 18/230)

Na mesma linha de entendimento inserem-se os seguintes julgados:

"A lei não exclui da incidência do crime o fato de encontrar-se a empresa em dificuldades financeiras, ainda mais porque as referidas contribuições destinam-se ao atendimento da coletividade." (TRF 4ª R., Ap. Crim. nº 93.04.42775-4/RS, Rel. Juiz José Fernando Jardim de Camargo, 2ª T., un., DJU 14.9.94, p. 51.062)

"Se a sociedade não tem condições de funcionar sem recolher o tributo retido na fonte por ocasião do pagamento a terceiros, deve suspender ou encerrar as atividades - essa a conduta exigível. Hipótese em que o administrador preferiu desviar os recursos públicos para que a entidade continuasse a perseguir seus interesses privados." (Ap. Crim. nº 94.04. 45149-5/RS, Rel. Juiz Ari Pargendler, 1ª T., un., j. 1º.12.94, RTRF 4ª R. 20/200)[65]

"O responsável por empresa que não recolhe as contribuições previdenciárias descontadas dos salários de seus empregados infringe o disposto no art. 95, alínea *d*, da Lei 8.212/91, *não lhe socorrendo a alegação de dificuldades financeiras*, porque se trata de crime formal omissivo, que se consuma com a omissão ou retardamento no recolhimento da contribuição. Absolvição com fundamento na justiça social. Fatos extralegais e extra-autos. Ao Juiz é vedado absolver o acusado com fulcro na chamada 'Justiça Social', considerando fatos, escândalos ocorridos no país para justificar a impunidade do denunciado. A sociedade necessita de um mínimo de segurança jurídica e de confiabilidade no Poder Judiciário, o qual aplica a lei ao caso concreto." (TRF

---

[65] O caso versava sobre omissão no recolhimento de Imposto de Renda Retido na Fonte.

4ª R., Ap. Crim. nº 95.04.52414-1/RS, Rel. Juiz Vilson Darós, Turma de Férias, un., DJU 11.9.96, p. 67.334)

"Ao tipificar como crime o não-recolhimento de contribuições previdenciárias descontadas, o legislador atribuiu a tal compromisso do empregador superlativa prioridade, não podendo, por isso mesmo, ser relegado à posição secundária. Assim, não se configura como hipótese de exclusão da ilicitude a insuficiência de recursos para atender, antes, a todos os demais compromissos, inclusive com fornecedores." (TRF 4ª R., Ap. Crim. nº 95.04.62454-5/PR, Rel. Juiz Teori Albino Zavascki, 2ª T., un., DJU 6.11.96, p. 84.792)

"A alegação de dificuldades financeiras como causa do não-recolhimento de contribuições sociais arrecadadas de empregados não se presta a ilidir a culpabilidade do agente, como causa supra-legal de exclusão da culpabilidade, consubstanciada na inexigibilidade de conduta diversa" (TRF 3ª R., Ap. Crim. nº 96.03.013208-0/SP, Rel. Des. Sinval Antunes, DJU 27.1.98, p. 126)

Na doutrina espanhola, como aqui, a matéria não é tranquila. Segundo Vicente Martínez "No âmbito do delito fiscal a doutrina se acha dividida e enquanto um setor invoca o estado de necessidade como causa de justificação, outro setor rechaça a possibilidade de apreciar esta causa de justificação no crime fiscal, assim Pérez Royo insiste no caráter supraindividual do bem jurídico protegido, que deve prevalecer sobre os interesses particulares que eventualmente possam entrar em conflito com ele, incluída a própria conservação da empresa em dificuldades econômicas".[66]

---

[66] MARTÍNEZ, Rosário de Vicente. *Los Delitos Contra La Seguridad Social en El Codigo Penal de La Democracia*, p. 100.

Já o extinto Tribunal Federal de Recursos, julgando caso em que se apreciava o delito assemelhado previsto no art. 2º do DL 327/67, relativo ao IPI, admitiu a tese, em acórdão assim ementado:

"Culpa - Dolo - Dificuldades Financeiras - Empresa que, por atravessar dificuldades financeiras redundando em fechamento do Estabelecimento, redundando em desvio do valor recebido do IPI, é situação que descaracteriza dolo de apropriação indébita do IPI como definido o crime no tipo." (Ap. Crim. nº 4.631-PE, Rel. Washington Bolívar, 1ª T., un., DJU 27.8.81, p. 8.194)[67]

Aliás, o próprio Min. Ari Pargendler parece ter adotado tal posicionamento após o julgamento acima citado, por primeiro, como se vê do acórdão que figurou na epígrafe deste capítulo, bem como do julgado que segue:

"Penal. Falta de recolhimento de contribuições previdenciárias. Crime que afeta a ordem tributária, não se caracterizando pelo inadimplemento eventual. A atividade empresarial embute riscos, implicando eventual insucesso nos negócios. Nem por isso o empresário malsucedido, que deixa de recolher as contribuições previdenciárias, é só por isso um delinqüente. O crime contra a ordem tributária supõe a intenção de manter a atividade empresarial sem o pagamento de tributos, aí sim caracterizando-se, tenha ou não a empresa condições de suportá-los." (Ap. Crim. nº 95.04.18834-6/RS, 2ª T.)

Na mesma linha, o julgado a seguir referido, da lavra do Juiz Amir José Finocchiaro Sarti:

---

[67] A questão de a dificuldade financeira afetar o dolo ou a culpabilidade será analisada mais adiante. No caso, porém, deve ser considerada a circunstância de que, à época, predominava o causalismo, figurando o dolo na culpabilidade. Sobre o tema, ver ainda, daquela Corte, a Ap. Crim. nº 4.804-PE, Rel. Carlos Madeira, 1ª T., DJU 18.2.81, p. 1044).

"Penal - Omissão de Recolhimento - Contribuições previdenciárias descontadas dos empregados - Dificuldades financeiras - Exclusão de culpabilidade ou de injuridicidade - Prova.

Dificuldades financeiras muito graves podem justificar a exclusão de culpabilidade (ou de injuridicidade) de quem deixa de recolher no prazo devido as contribuições previdenciárias descontadas dos empregados, tendo em vista o interesse relevante de manter a empresa em funcionamento, evitando a extinção de empregos, única fonte de sustento para a maior parte dos trabalhadores e suas famílias. É incensurável, nessa circunstância, a conduta de quem opta por dar prioridade ao pagamento da folha de salários e de fornecedores, em detrimento da arrecadação tributária. *A sanção penal deve ser reservada para os espertalhões que enriquecem às custas do patrimônio alheio, especialmente do patrimônio público, não para quem, apesar de todos os esforços, não consegue atender tempestivamente todas as obrigações da sua empresa.* O real empobrecimento dos responsáveis pela firma, resultante da comprovada dilapidação de seu patrimônio particular em benefício da pessoa jurídica, é um dos sinais mais eloqüentes da ocorrência da situação excludente (ou justificante)."
(ACr nº 96.04.30199-3/RS, Rel. Juiz Amir José Finocchiaro Sarti, 1ª T., un., DJU 14.10.98, p. 491, RTRF 4ª R. 32/146)

Esta é, atualmente, a orientação dominante na jurisprudência, ou seja, pela admissibilidade da tese das dificuldades financeiras, o que deve ser apreciado no caso concreto.

A pura e simples desconsideração da situação financeira da empresa não é, de fato, admissível. O crime deve ser considerado em todas as suas circunstâncias, na riqueza do caso concreto. Especialmente aqui, em se cuidando de crime omissivo e formal, caracterizado pelo dolo genérico, não pode ser ignorada a questão das dificuldades financeiras, sob pena de caracterização de verdadeira responsabilidade penal objetiva. Esta posição mais se reforça quando lembrado que não há, propriamente, um desconto ou arrecadação, no sentido físico, como visto linhas acima.

Vale transcrever, a propósito da origem da incriminação da conduta e da relevância das dificuldades financeiras, considerada a dinâmica da atividade empresarial, arguto trecho da lavra de Andreas Eisele:

> "Não é recente a preocupação com a evasão fiscal que decorre da conduta omissiva do sujeito passivo de tributos indiretos, ou seja, aqueles cujo recolhimento é, por lei, imposto a pessoa diversa da que deva material e destacadamente suportar o encargo financeiro da operação que deu origem à obrigação tributária.
>
> Tal se deve ao fato de que, em épocas de instabilidade econômica, ou inflação alta, a omissão nos recolhimentos dos tributos indiretos é um dos meios mais utilizados pelos contribuintes para o financiamento de suas atividades, deixando de entregar ao fisco os valores devidos em vez de buscarem nos estabelecimentos de crédito a fonte de custeio das atividades profissionais.
>
> A evasão acaba por ser o meio escolhido devido ao fato de que, nesse contexto, os juros bancários são superiores aos encargos fiscais, e porque, em relação a eventuais empréstimos em instituições financeiras, geralmente é necessária a prévia oneração de bens em garantia, o que não ocorre no plano fiscal e, por fim, os instrumentos de cobrança das instituições privadas, mesmo não possuindo os recursos legais do poder público, são substancialmente mais ágeis, o que implica extensão do prazo para o pagamento dos créditos para com o Estado, havendo sempre a possibilidade de obtenção de um

benefício na forma de anistia ou remissão, ou simplesmente a moratória.

Portanto, verifica-se que se a evasão é utilizada em larga escala, o próprio Estado acaba sendo seu incentivador, devido à inoperância conhecida pelo contribuinte.

Para se tentar impedir ou diminuir tal situação, iniciou-se um tendência para enquadrar criminalmente a conduta de evasão fiscal de tributos indiretos, com base na fórmula da hipótese de incidência da norma tributária consistente em, no plano da arrecadação, o contribuinte passar a ser depositário dos valores arrecadados de terceiros a título de tributo ou contribuição social, até a expiração do prazo em que os deve repassar ao erário."[68]

É verdade que a dificuldade financeira não é reconhecida, de modo geral, como excludente da ilicitude em crimes contra o patrimônio. No caso, porém, isto decorre da própria estrutura típica, em que o empresário é obrigado a recolher os valores mesmo que não tenha deles efetivamente se apropriado, porque o pagamento é anterior à própria arrecadação fictícia dos valores.

O risco é inerente à atividade empresarial e nenhum empresário está livre de ter momentos de dificuldades em seus negócios, por motivos próprios ou alheios à sua vontade. Neste caso, o que se espera é que promova o saneamento da empresa, seja injetando recursos próprios, procurando créditos, diminuindo o quadro de pessoal, racionalizando despesas, procurando uma fusão, redirecionando ou diversificando o ramo de atividade, etc. Enquanto isso, para manter a empresa funcionando, irá privilegiar o pagamento dos empregados e dos fornecedores essenciais. Isso porque os empregados não trabalharão de graça, e os fornecedores cortarão o suprimento dos insumos e matérias-primas a

---

[68] *Crimes contra a Ordem Tributária.*

partir dos primeiros atrasos, inviabilizando o funcionamento da empresa. Nessa situação transitória é que a omissão no recolhimento das contribuições poderá ser exculpada pelas dificuldades financeiras, pois ainda há possibilidade de saneamento.

Não se pode admitir, de outro lado, que essa seja a sistemática adotada permanentemente para o financiamento da empresa, que precisa ser capaz de manter-se por seus próprios meios. Não se pode aceitar, a pura e simples desconsideração do recolhimento das contribuições arrecadadas como sistemática normal de funcionamento, como opção livre e consciente do empresário. Se as medidas saneadoras não deram certo, não havendo outros recursos à vista, em outras palavras, se o empreendimento está inviabilizado, o caminho terá que ser o da autofalência, caso em que os créditos públicos terão o privilégio que merecem, pois a lei conferiu prioridade ao pagamento das contribuições arrecadadas. O supremo valor aqui não é a sobrevivência da empresa, pois esta, além de gerar empregos, deverá arcar com sua carga tributária, a reverter para o bem de toda a sociedade. Uma empresa inviabilizada, pela permanente incapacidade de pagar os tributos decorrentes de sua atividade, não pode continuar em funcionamento.

De acordo com Rosário de Vicente Martínez, na Alemanha, "se o empresário ante a possibilidade de recolher as cotas ou atender a outras obrigações, como o pagamento de salários, obrigações contratuais com terceiros, etc., opta por satisfazer com os escassos meios de que dispõe os salários dos trabalhadores ou qualquer outra obrigação, a citada conduta se qualifica como delito *por entender a jurisprudência alemã que a sobrevivência da empresa é menos importante que a obrigação social, estabelecendo-se sempre a preferência dos pagamentos à Seguridade Social frente aos pagamentos a trabalhadores ou credores.*"[69]

---
[69] *Crimes contra La Seguridad Social*, sem grifos no original e em tradução livre.

Haverá também o caso daquele que simplesmente não recolhe as contribuições arrecadadas, por opção, sem a menor sombra de dificuldades financeiras, que deverá ser punido.

De lembrar que não é qualquer dificuldade de caixa da empresa que irá caracterizar a situação de que se cogita. Ao contrário, a dificuldade terá que ser extrema, beirando a impossibilidade de recolhimento. Para a dificuldade relativa podem ser utilizados outros recursos como o crédito bancário e mesmo a descapitalização da empresa, pela venda de bens. A omissão no recolhimento das contribuições deverá ser o último recurso de que lança mão o empresário. Naquelas hipóteses em que simplesmente se elegem outras prioridades para os recursos disponíveis, não estará afastado o delito. Nesta linha, os seguintes julgados:

"A inexigibilidade de outra conduta exige um conjunto de fatores que evidenciam a total impossibilidade de qualquer outro comportamento, não restando caracterizada, no caso, apenas, pela dificuldade financeira." (Ap. Crim. nº 95.04.37551-0/RS, Rel. Juíza Tania Terezinha Cardoso Escobar, 2ª T., un., DJU 21.1.98, p. 343)

"Não basta alegar dificuldades financeiras para afastar a ilicitude da conduta do crime previsto no art. 2º, II, da Lei 8.137/90, mas a efetiva impossibilidade de saldar não apenas as contribuições previdenciárias, mas todos os demais compromissos da empresa, a caracterizar um estado de insolvência." (Rev. Crim. nº 95.04.52302-1/RS, Rel. Juiz José Fernando Jardim de Camargo, 2ª T., un. DJU 18.9.96, p. 48)

"Somente a situação de absoluta insolvência da empresa documentalmente comprovada nos autos, é capaz de acarretar um juízo absolutório, diante da gravidade do delito imputado." (Ap. Crim. nº

96.04.67514-1/RS, Rel. Juiz Fábio Bittencourt da Rosa, 1ª T., un, DJU 20.1.99, p. 245)

2.9.1.2. Efeitos

Como visto, quando for revelada no caso concreto uma situação de dificuldade tal que impossibilite os recolhimentos, não se poderá condenar o acusado. Resta perquirir os efeitos jurídicos do reconhecimento dessa impossibilidade financeira.

Na teoria finalista, o dolo é informado pela "consciência e vontade de realizar os elementos objetivos do tipo".[70] Quer dizer, havendo consciência - ou compreensão - do fato (conduta, resultado e relação causal), bem como vontade de praticá-lo, estará presente o dolo. Transpondo tais elementos para o crime em exame, quando o agente deixa de recolher a contribuição, por sua livre vontade, com a consciência de que está assim agindo, estará presente o dolo, que não é afastado pela situação de dificuldade financeira, pois isto não afeta a consciência nem a vontade de se omitir, nem tampouco impede materialmente a realização do devido.

Há porém, acórdãos nos quais se entendeu que a dificuldade financeira exclui o dolo e, por conseqüência a tipicidade, podendo ser citados os seguintes:

"Penal. Omissão de recolhimento de contribuições previdenciárias. Prova razoável da dificuldade financeira de repassar os valores. Absolvição por exclusão da culpabilidade reformada para absolvição por falta da prova do dolo." (TRF da 4ª Região, Ap. Crim. nº 95.04.34553-0/RS, Rel. Juiz Volkmer de Castilho, 1ª T., un., DJU 19.6.96, p. 42.156)

"(...) 2. Analisando-se as circunstâncias concretas que comprovam as dificuldades financeiras do devedor, impossibilitando-o de agir de modo diferen-

---

[70] BITENCOURT, Cezar Roberto. *Código Penal Anotado*, p. 194.

te, tem-se como atípica a conduta do agente, face à ausência de dolo." (TRF da 4ª Região, Ap. Crim. nº 95.04.29669-6/RS, Rel. Juiz Luiz Carlos de Castro Lugon, 2ª T., un., DJU 19.6.96, p. 42.163)

Não há que falar, tampouco, em exclusão da ilicitude pelo estado de necessidade, tal como definido no art. 24 do Código Penal. Em primeiro lugar, não há aqui a situação de perigo, entendida esta como risco a um bem jurídico, a não ser que se entenda haver perigo de possibilidade de desativação da empresa. Depois, exige-se que o perigo não tenha sido causado pelo sujeito. Ora, o risco é imanente à atividade empresarial, caracterizada exatamente pela incerteza do sucesso. Como ninguém é obrigado a constituir uma empresa, tem-se que é o próprio agente que se coloca na situação de "perigo". Não pode, tampouco, existir o dever legal de enfrentar o perigo, quando é dever do sócio fazê-lo. Por fim, exige-se a inevitabilidade do comportamento lesivo, que também não se faz presente, em regra, no caso da omissão de recolhimento, pois o administrador poderá: a) tomar empréstimos bancários; b) vender os bens da empresa ou pessoais; c) despedir os empregados, ou; d) desativar a empresa. Nesta linha há precedente do Tribunal Regional Federal da 4ª Região, consubstanciado na Ap. Crim. nº 96.04.51834-8/SC, Rel. Juíza Tania Escobar, 2ª T., m., DJU 10.6.98, p. 507).

Na jurisprudência, porém, encontram-se decisões que reconhecem o estado de necessidade na hipótese, como se vê pelos julgados adiante transcritos:

"Criminal. Apropriação indébita. Contribuições previdenciárias. Lei 8.212/91, Art. 95, *d* e seu § 3º. Inadimplência. Crise financeira da empresa. Estado de necessidade. exclusão do dolo. (...) 2. O contribuinte inadimplente e em mora por uma espécie de estado de necessidade especial (crise financeira da empresa), devidamente comprovada, tem excluído o dolo da conduta, ainda mais, quando presente o *animus* de solucionar a dívida, mediante o parcelamento do débito junto ao órgão arrecadador." (TRF 1ª R., 4ª T., Ap. Crim., 94.01.16249-2/BA, Rel. Juiz Nelson Gomes da Silva, DJU 16.2.95, p. 6.595)

"Criminal. Apropriação de contribuições previdenciárias descontadas dos empregados. Comprovada crise financeira da empresa. Estado de necessidade. Materialidade. Dúvida.
1. Se o empregador optou por pagar os salários dos obreiros, ao invés de recolher valores para a previdência social, não foi ilegítima sua conduta. 2. Estado de insolvência comprovado. Excludente de criminalidade reconhecida. (...)" (TRF 4ª R., 3ª T., Rel. Juiz Fábio B. da Rosa, DJU 2.12.92, p. 40.574)

A solução mais técnica, então, está em considerar a dificuldade financeira extremada como concretização de uma situação de inexigibilidade de conduta diversa, a afastar a culpabilidade do agente, como decidiu o Tribunal Regional Federal da 4ª Região, por sua 1ª Turma, à unanimidade, no julgamento da Apelação Criminal nº 95.04.51380-8/RS, relatada pelo Juiz Vladimir Freitas (DJU 19.3.97, p. 16.056). Segundo Reale Júnior, isso se dá mediante operação na qual "...o juiz, apreendendo a situação concreta do agente, suas condições pessoais, valora se seria possível exigir dele que omitisse sua ação, assumindo as conseqüências de omiti-la. A opção é válida quando o agente age em salvação de um bem objetivo ou especialmente valioso, não sendo razoável exigir que ele o sacrifique, que opte por sua perda só para cumprir o dever jurídico. O limite da razoabilidade está em o agente optar pela salvação de um bem em detrimento de outro relativamente desproporcionado ao objeto da escolha feita."[71]

---

[71] REALE JÚNIOR, Miguel. *Teoria do Delito*, p. 155.

Quer dizer, não se pode, de modo simplista, afirmar que o empresário impossibilitado de recolher os tributos deverá fechar a empresa, pois aquele é o seu ganha-pão, do que também dependem os empregados. Quando existe uma situação de dificuldade financeira, a via dos empréstimos bancários estará, provavelmente, fechada ou bastante limitada. O recurso à agiotagem ou ao *factoring* acelera o processo de descapitalização da empresa. Muitas vezes, não existe patrimônio social ou pessoal a ser vendido. Diante desse tipo de situação fática, não é razoável exigir do empresário que sacrifique o pagamento dos salários e a própria sobrevivência da empresa em favor do pagamento dos tributos.[72]

2.9.1.3. Prova

Em qualquer das teses que se fundamentem nas dificuldades financeiras, o ônus da prova é da defesa, nos termos do art. 156 do Código de Processo Penal, como já decidiu o Tribunal Regional Federal da 4ª Região (Ap. Crim. nº 94.04.11780-3/RS, Rel. Juiz Ivo Tolomini (convocado); 1ª Seção, un., DJU 31.5.95, p. 33.494). No mesmo sentido: Ap. Crim. nº 96.04.67514-1/RS, Rel. Juiz Fábio Bittencourt da Rosa, 1ª T., un., DJU 20.1.99, p. 245. Na mesma linha o precedente que segue, do Tribunal Regional Federal da 3ª Região:

> "(....) 2. A real impossibilidade de realizar a conduta determinada pela norma legal exclui a tipicidade do delito, ante a aplicação da causa supralegal de inexigibilidade de conduta diversa. Porém, a mera alegação de dificuldades financeiras, por si só, não configura tal causa excludente de culpabilidade. 3. Nos termos do art. 156 do Código de Processo Penal, a prova da alegação incumbe a quem a fizer, sob pena de não ser levada em consideração pelo

---

[72] Sobre a matéria, veja-se o artigo citado de Celso Kipper.

julgador." (Ap. Crim. nº 97.03.007262-3/SP, Rel. Juíza Sylvia Steiner, 2ª T., un., DJU 4.3.98, p. 352)

O TRF da 4ª Região que mesmo no caso de venda da empresa é do acusado o ônus de provar as dificuldades financeiras (Ap. Crim. nº 96.04.31900-0/RS, Rel. Juiz Gilson Dipp, 1ª T., un, j. em 23.6.98)

A prova na matéria é, por excelência, documental. Admite-se, porém, seja ela reforçada através de depoimentos de testemunhas ligadas à empresa, como ex-empregados, contadores; fornecedores ou clientes. Claro está que a prova em questão é complexa, sendo impossível esgotar aqui todo o rol de indícios de que poderá se valer o Juiz para, de forma sensível, acolher ou rejeitar a tese das dificuldades financeiras, com base no conjunto da prova.

Em linha de princípio, "(...) somente a alegação do réu e o depoimento de testemunhas de que a empresa passava por dificuldades financeiras não é suficiente para assegurar a aplicação do princípio da inexigibilidade de conduta diversa, havendo necessidade de prova documental." (TRF da 3ª Região, Ap. Crim. nº 97.03.034103-9/SP, Rel. Juiz Roberto Haddad, 1ª T., DJU 10.3.98, p. 307). Desse entendimento não destoa o Tribunal Regional Federal da 4ª Região, ao afirmar que "O contribuinte só pode se eximir de recolher as contribuições e impostos de lei, em prejuízo da receita pública, quando apresentar prova documental incontestável e amplamente demonstrativa das dificuldades financeiras da empresa." (Ap. Crim. nº 96.04.32601-5/PR, Rel. Juiz Gilson Langaro Dipp, 1ª T., un., DJU 21.5.97, p. 36010).

Admite-se a comprovação das dificuldades mediante perícia ou parecer contábil, bem como pela juntada de documentos que comprovem: a) a existência de títulos protestados (TRF da 4ª Região, Ap. Criminal nº 95.04.32057-0/RS, Rel. Juiz Vladimir Freitas, 1ª T., un., DJU 12.11.97, p. 96.248); b) ações de execução (TRF 4ª R., Ap. Crim. nº 93.04.08911/RS, Rel. Juiz Osvaldo Alvarez,

2ª T., un., DJU 22.9.93, p. 40.678); c) reclamatórias trabalhistas; d) venda de bens da empresa ou dos sócios (ACr nº 96.04.30199-3/RS, Rel. Juiz Amir José Finocchiaro Sarti, 1ª T., un., DJU 14.10.98, p. 491); e) existência de outros débitos tributários (TRF 4ª R., Ap. Crim. nº 93.04.39073/RS, Rel. Juíza Luiza Dias Cassales, 2ª T., un., DJU 27.4.94, p. 18.773); f) pedidos de falência; g) desativação da empresa ou de filiais; h) "inadimplência seguida de outros bens a penhorar, em todas as execuções" (TRF 4ª R., Ap. Crim. nº 94.04.05949-8, j. em 26.5.94, voto vencido do Juiz Dória Furquim); i) atraso no pagamento de salários (TRF 4ª R., Ap. Crim. nº 98.04.03996-6/PR, Rel. Juiz Fábio Bittencourt da Rosa, 1ª T., un., DJU 31.3.99, p. 247); j) perda de contratos com clientes; k) inadimplência ou atrasos dos clientes; l) ações de despejo, etc.

Evidentemente que a situação de insolvência deverá ser contemporânea dos fatos, de modo que os documentos deverão dizer respeito ao mesmo período ou, se anteriores ou posteriores, em datas próximas, sob pena de se perder qualquer conexão lógica entre a situação de dificuldade financeira e a omissão no recolhimento. O mesmo vale para a juntada de documentos relativos a outras empresas, salvo se evidenciado se tratar de grupo econômico.

Não se admite a mera referência à crise financeira generalizada ou aos planos governamentais de política econômica. Deverá ser evidenciada a situação de dificuldade de forma concreta, ou seja, o reflexo da crise na particular situação da empresa de que se cuida.

Também servirão como indícios das dificuldades financeiras o recolhimento ao longo de meses alternados ou a existência de omissões parciais.

Ainda que a condição legal para a decretação de falência, nos sistema brasileiro, seja a insolvência presumida pela impontualidade (Decreto-Lei nº 7.661/45, art. 1º), a tendência moderna é de que ela somente venha a ser decretada quando a situação financeira da empresa efetivamente não é boa, ou seja, quando comprovada a insolvência real. Assim, a decretação da falência constitui forte indício no sentido da existência de dificuldades financeiras da empresa. Nesse sentido há precedentes do TRF da 4ª Região:

> "Admite-se, em situações especiais, como excludente supralegal de culpabilidade, a situação falimentar da empresa, evidenciada pelo decreto de quebra ocorrido em período próximo ao da ocorrência dos fatos narrados na denúncia." (Ap. Crim. nº 96.04.07532-2/RS, Rel. Juiz Teori Albino Zavascki, 2ª T., un., DJU 28.8.96, p. 62.456)

> "As diversas execuções, e o decreto de falência contra o apelante durante o período do não recolhimento das contribuições previdenciárias, somados aos outros elementos de prova, revelam a efetiva dificuldade financeira enfrentada pela empresa, com total ausência dos recursos em caixa, em condições de típica insolvência, evidenciando a impossibilidade de vietar a ocorrência do fato da denúncia." (Ap. Crim. nº 97.04.30652-0/RS, Rel. Juíza Tania Escobar, 2ª T., un., DJU 1.7.98, p. 663)

> "Aplica-se a justificadora da inexigibilidade de conduta diversa, na hipótese de restarem demonstradas as invencíveis dificuldades financeiras da empresa-contribuinte, através de documentos contábeis pertinentes e posterior estado falimentar do estabelecimento." (Ap. Crim. nº 97.04.22102-9/RS, Rel. Juiz Gilson Dipp, 1ª T., un., DJU 29.7.98, p. 384)

> "Comprovada nos autos a precária situação financeira da empresa que culminou na falência, impõe-se o reconhecimento de causa excludente da culpabilidade." (Ap. Crim. nº 96.04.08943-9/PR, Rel. Juíza Tania Escobar, 2ª T., un. DJU 2.12.98, p. 180).

Claro que não será a decretação da falência, de forma isolada, que levará à conclusão de que havia situação de dificuldade financeira, até porque a falência poderá ser fraudulenta, o que demandará verificação mais cuidadosa. O fato se constitui em indício, a ser cotejado com o restante da prova. Nessa linha se insere julgado no qual se entendeu que "As provas produzidas não serviram para comprovar a alegada dificuldade financeira que resultou na concordata." (Ap. Crim. nº 94.04.22939-3/RS, Rel. Juiz José Fernando Jardim de Camargo, 2ª T., m., DJU 6.9.95, p. 58214).

Poderá ter ocorrido um fato concreto que tenha levado à situação de dificuldade, como: greve; perda de fornecedor; mudança cambial para empresas importadoras ou exportadoras; concorrência de produto importado; falecimento ou doença do principal administrador, com assunção da empresa por filho ou mulher inexperientes no negócio; "enchentes e inundações" causando perda de estoques ou paralisação das atividades; "interdição do estabelecimento por ato de autoridade"; "incêndio de grandes proporções, não provocado pelo devedor, com grandes perdas de bens, produtos, matérias primas, mercadorias",[73] separação do casal de sócios e divisão da empresa; etc. Exemplifica-se com a hipótese adiante, extraída de um caso concreto: "...atingida a empresa por concorrência desleal, fato julgado procedente no juízo criminal, que resultou na frustração das expectativas comerciais, não provocadas por sua vontade, e, suficientemente comprovada a falta de numerário para socorrer os compromissos da empresa, é de se acolher o entendimento de inexigibilidade de conduta diversa, para absolver o réu, com base no art. 386, V, do Código de Processo Penal." (TRF da 4ª Região, ACr nº 97.04.24931-4/RS, Rel. Juíza Tania Escobar, 2ª T, un., DJU 2.9.98, pp. 250-1).

---

[73] MONTEIRO, Samuel. *Dos Crimes Fazendários*. p. 35.

Em qualquer das hipóteses acima, os fatos deverão ser demonstrados, preferencialmente por meios documentais contemporâneos a sua ocorrência.

Deverá ser verificada, também, a situação pessoal de fortuna dos sócios ou acionistas, pois há casos nos quais a empresa está mal, mas o empresário está bem. Em muitos outros, porém, comprova-se o comprometimento do patrimônio pessoal dos sócios para injetar recursos na empresa, podendo a defesa juntar provas disto. Para tanto, um recurso cabível e a determinação para que a Receita Federal apresente cópias das declarações de rendas dos acusados. Em abono desse entendimento, já decidiu o Tribunal Regional Federal da 4ª Região que:

"O real empobrecimento dos responsáveis pela firma, resultante da comprovada dilapidação de seu patrimônio particular em benefício da pessoa jurídica, é um dos sinais mais eloqüentes da ocorrência da situação excludente (ou justificante)." (ACr nº 96.04.30199-3/RS, Rel. Juiz Amir José Finocchiaro Sarti, 1ª T., un., DJU 14.10.98, p. 491).

"No capítulo referente à exclusão da culpabilidade, por inexigibilidade de conduta diversa, a sociedade espera que o empresário em dificuldades financeiras, antes de prejudicar a Previdência Social, sacrifique bens particulares em prol do saneamento da empresa, pois, afinal, é dela que provém os ganhos que resultaram no seu patrimônio privado. *Não se tolera mais a figura do sócio milionário e da empresa falida às custas dos seus caprichos sociais.* Caso em que, no período do não-recolhimento, houve por parte do réu a aquisição de automóvel esporte importado." (Ap. Criminal nº 1998.04.01.014409-5/PR, Rel. Juiz Fábio Bittencourt da Rosa, 1ª T., un., DJU 26.1.99, p. 411)

"As dificuldades financeiras afastam a culpabilidade do agente quando não só os bens da empresa encontram-se onerados, mas também, os dos sócios administradores devem estar comprometidos com a crise financeira da firma, seja por meio de penhoras em reclamatórias trabalhistas (onde exsurge um potencial prejuízo ao credor trabalhista - art. 186 do CTN) ou processos de execução, seja, por fim, pela arrecadação de bens pelo juízo falimentar. Afinal, é ela, a empresa, quem gerou toda a riqueza amealhada pelos sócios, sendo moralmente exigível o sacrifício desta mesma riqueza em prol do reerguimento da firma." (Emb.Decl. nº 97.04.23080-0/SC, Rel. Juiz Fábio Bittencourt da Rosa, 1ª T., un., DJU 12.5.99, p. 347).

Do mero fato de o sócio fazer *retiradas*, porém, não decorre a conclusão de que estava se locupletando, pois a empresa é seu meio de vida, e o direito não pode exigir do cidadão um comportamento de heroísmo. Como já decidiu o Tribunal Regional Federal da 4ª Região, "O pró-labore é contrapartida do trabalho e não do lucro." (Apelação Criminal nº 95.04.55809-7/RS, 2ª T., m., Rel. p/ Acórdão Juiz Antônio Albino Ramos de Oliveira (convocado), j. em 5.6.97). Poderá ser considerado, porém, o montante das retiradas frente ao valor não-recolhido e à situação da empresa.

A perícia contábil somente será necessária se houver dúvida insanável sobre a situação de dificuldade, a partir dos elementos documentais trazidos aos autos pelo acusado. Aliás, como muitas vezes o fato ocorre no âmbito de empresas sujeitas a regime simplificado de tributação, a perícia se revela impossível ou pouco esclarecedora. Caso se proceda a perícia, deverá ela recair sobre os livros comerciais que demonstrem as dificuldades, no período dos fatos. No âmbito do Tribunal Regional Federal da 4ª Região já se entendeu, porém, que "...a situação de absoluta impossibilidade de atendimento da obrigação de repasse aos cofres previdenciários das quantias descontadas dos salários dos empregados, exige demonstração cabal, lastreada em perícia contábil. A simples prova testemunhal não a pode substituir." (Ap. Crim. nº 94.04.117001-5/RS, Rel. Juíza Ellen Gracie Northfleet, 1ª T., un., DJU 21.9.94, p. 52776).

A prova das dificuldades financeiras deverá ser produzida no curso da instrução criminal, não se admitindo rejeição de denúncia sob tal argumento, nem se podendo discutir a matéria em sede de *habeas corpus*. Quanto a este último ponto já se manifestou o Tribunal Regional Federal da 4ª Região, asseverando que "A alegação de difícil situação econômica da empresa, em razão da conjuntura econômica por que passa o país, não é suficiente para o trancamento da ação penal." (HC nº 91.04.26113-5/RS, Rel. Juiz Fábio B. da Rosa, 3ª T., DJU 27.5.92, p. 14.447).

2.9.2. Obediência hierárquica

Vale noticiar decisão do Tribunal Regional da 3ª Região na qual se decidiu que "O não-recolhimento de contribuições previdenciárias, no momento devido, em decorrência de acatamento à ordem de superior hierárquico, não caracteriza a causa de exclusão de culpabilidade prevista no art. 22 do Código Penal, dado que ausente um dos requisitos, expresso na ordem não manifestamente ilegal." (HC nº 95.03.063209-9/SP, Rel. Juíza Suzana Camargo, 5ª T., un, DJU 21.11.95, p. 80.335).

2.9.3. Erro de proibição

Para Toledo, "o erro de proibição (erro sobre a ilicitude do fato) é todo erro que recai sobre o caráter ilícito da conduta realizada. Aqui o objeto do erro não está situado entre os elementos do tipo legal, mas na ilicitude, ou seja, na contrariedade que se estabelece entre uma certa conduta e o ordenamento jurídico. O objeto do erro não é, pois, o fato nem a lei. É a ilicitude. O agente supõe permitida uma conduta proibida; lícita, uma conduta ilícita. O seu erro consiste em um juízo equivocado sobre aquilo que lhe é permitido fazer na vida em sociedade."[74]

No crime em questão, perguntados os réus sobre o conhecimento do caráter criminoso do fato, variam as respostas entre um categórico *sim* e a assertiva de que sabiam ser o fato uma infração, mas não exatamente que constituía crime. Muito raramente alega algum acusado desconhecer totalmente a obrigação de recolher as contribuições. De fato, por pouco letrado ou simples que seja, dificilmente o empresário não terá a noção de que tem a obrigação de efetuar os recolhimentos das contribuições à seguridade social. Potencialmente, ao menos, terá condições de ter consciência deste fato, como decorrência da sua condição de empresário. Poderá não compreender exatamente que o fato constitui crime, mas tem idéia de que realiza algo ilícito, caracterizando a hipótese que Toledo denomina "erro de punibilidade", no qual "o agente sabe que fez algo proibido, ou devia e podia sabê-lo, mas supõe inexistir pena criminal para a conduta que realiza". A hipótese é de erro inescusável, sendo descabida a isenção de pena com fundamento no art. 21 do CP.

2.10. Consumação

Tendo em vista que o crime em questão classifica-se entre aqueles omissivos próprios, prescinde de resultado naturalístico para a sua consumação, que se dá no momento em que deveria ter ocorrido o recolhimento da contribuição descontada. Aliás, o Tribunal Regional Fe-

---

[74] TOLEDO, Francisco de Assis. *Princípios Básicos de Direito Penal*, p. 268.

deral da 4ª Região já teve oportunidade de afirmar que o crime "...consistente no não-recolhimento, no momento oportuno, de contribuições previdenciárias, *é de natureza formal, que se consuma com a conduta negativa...*" (HC nº 95.04.16176-6/SC, Rel. Juiz Ronaldo Ponzi, un., DJU 2.8.95, p. 48.087). Em outro aresto, da mesma Corte, asseverou-se a desnecessidade de "qualquer resultado naturalístico" para a consumação. (RSE nº 95.04.41227-0/PR, Rel. Juíza Tania Escobar, un., DJU 22.11.95, p. 80.916).

Bem por isto, como já decidiu o Tribunal Regional Federal da 3ª Região, "A denúncia espontânea não caracteriza no âmbito penal a desistência voluntária, dado que essa figura somente ocorre quando o crime não é consumado em decorrência da vontade do agente e, no caso, o delito já se consumou, além de que não evidencia arrependimento eficaz, dado que para sua configuração deveria o agente, após ter encerrado a execução do crime, desenvolver nova ação visando impedir a produção do resultado, pelo que somente é possível em se tratando de crime material, onde o resultado integra o tipo, o que não acontece na figura prevista no art. 95, *d*, da Lei nº 8.212/91." (HC nº 95.03.063209-9/SP, Rel. Juíza Suzana Camargo, 5ª t., un., DJU 21.11.95, p. 80.335). Ainda que o delito seja incompatível com o instituto do arrependimento eficaz, não fica afastada a incidência do art. 34 da Lei nº 9.249/95 com a extinção da punibilidade pelo pagamento do tributo antes do oferecimento da denúncia, como adiante se verá.

Na doutrina, porém, há corrente que entende tratar-se de crime material, que se consumaria somente com a ocorrência do resultado.[75] Na verdade, sempre que passado o prazo sem o recolhimento, haverá um resultado, que é a falta do ingresso dos valores. Isto é, porém, irrelevante para a consumação do delito.

---

[75] EISELE, Andreas. *Crimes contra a Ordem Tributária*, p. 162.

Atualmente, estando fixado o prazo para recolhimento das contribuições "no dia 2 do mês seguinte ao da competência, prorrogado o prazo para o primeiro dia útil subseqüente se o vencimento cair em dia que não haja expediente bancário;" (Lei nº 8.212/91, art. 30, I, *b*, com a redação da Lei nº 9.063, de 14.6.95) a consumação do delito para as contribuições relativas, exemplificativamente, à competência setembro (incidentes sobre os salários pagos em virtude do trabalho prestado no mês de setembro) se dará no dia 2 de outubro. No caso de contribuição sobre a comercialização da produção rural, o recolhimento deve ocorrer, igualmente, até o dia 2 do mês subseqüente ao da operação de venda ou consignação da produção (Lei nº 8.212/91, art. 30, III e IV, com a redação dada pela Lei nº 9.528/97).

Esta data é a "época própria", elemento temporal a que se refere o tipo penal. Assim, passado o prazo legal para o recolhimento, estará consumado o delito, que é instantâneo, independentemente de qualquer ato da administração tributária. Não deve ser confundida a "época própria", então, com a prática administrativa de conceder ao contribuinte o prazo até o término da ação fiscal para o recolhimento do tributo, caso em que não é elaborado o auto de infração. Havendo recolhimento no prazo concedido, ou depois, mas antes do recebimento da denúncia, isso implicará decretação da extinção da punibilidade pelo pagamento, por força do art. 34 da Lei nº 9.249/95, mas o crime já terá se consumado anteriormente, no exato momento em que vencido o prazo sem o recolhimento da contribuição descontada.

Para José Frederico Marques, "se o recolhimento for intempestivo, haverá a prática de fato típico, visto que é elemento temporal da conduta descrita na regra preceptiva o não-recolhimento em época própria. A omissão ilícita está ligada a essa circunstância temporal, resultando, da aglutinação de ambas o seguinte: o recolhimento em época não própria não faz desaparecer a figura típica. É que o dever imposto pela norma incriminadora, em seu preceito primário, consiste em recolher as contribuições na época própria. Se isso ocorrer em outra época houve omissão ilícita, isto é, não se cumpriu o que era devido. Do descumprimento do dever legal surge a lesão ao bem jurídico penalmente tutelado, que, se for antijurídica e culpável, se configurará como crime."[76]

Desse entendimento não destoa o Tribunal Regional Federal da 4ª Região, ao afirmar que "Na vigência da Lei nº 8.212/91, o prazo para recolhimento das contribuições descontadas dos empregados esgota-se no quinto dia útil[77] do mês subseqüente ao do desconto, considerando-se consumado o crime de não-recolhimento de tais parcelas no dia seguinte ao término do prazo legal para satisfação da obrigação." (Ap. Crim. nº 95.04.16786-1/RS, Rel. Juiz Vilson Darós, Turma de Férias, un., DJU 14.8.96, p. 57.597).

Bem por isto, o recolhimento posterior não afasta o dolo da conduta, que deve ser verificado no exato momento de sua ocorrência. Poderá ocorrer, no entanto, como já dito alhures, que o recolhimento um ou dois dias do prazo sirva como elemento objetivo a revelar que não havia dolo de não recolher, mas mero esquecimento ou descuido. Neste caso, como não há forma culposa, deverá o réu ser absolvido. Como adverte Juary C. Silva: "Se o contribuinte simplesmente esquece de pagar o tributo, a infração não assume caráter penal, sujeitando-se tão só a sanções cíveis."[78]

Para possibilitar uma mais clara evidenciação do dolo, poderia ter sido fixado na lei penal um prazo mais elástico para a configuração do delito, como ocorre no

---

[76] MARQUES, José Frederico. "As contribuições aos Institutos e o crime de apropriação indébita", RT 339/77. No mesmo sentido: DECOMAIN, Pedro Roberto. *Crimes contra a Ordem Tributária*, p. 94.

[77] O prazo referido no acórdão é o previsto na redação originária da lei, alterado conforme notas constantes do início do capítulo.

[78] SILVA, Juary C. *Elementos de Direito Penal Tributário*, p. 84.

crime de apropriação de coisa achada. Poderia ser sugerida a seguinte redação: "deixar de recolher, *15 (quinze) dias depois do prazo fixado para o recolhimento na legislação tributária*, contribuição ou outra importância devida à seguridade social e arrecadada dos segurados ou do público;". Quer dizer, a omissão no prazo legal previsto para o recolhimento configuraria a infração tributária, mas o crime somente estaria caracterizado se passados mais de quinze dias daquele prazo. Deste modo, não poderia o réu alegar mero esquecimento ou desatenção como defesa, a fim de afastar o dolo. De toda maneira, em regra, na prática, a omissão somente é denunciada quando praticada ao longo de vários meses, restando inequívoco o dolo.

2.11. Tentativa

Como já visto, cuida-se de crime omissivo próprio, assim entendido aquele no qual "...a ação típica somente se realiza com a abstenção do sujeito ativo ao comando do preceito da norma penal que impõe 'um fazer".[79] É majoritária a doutrina que inadmite a tentativa no crime omissivo impróprio.[80] No crime de que se cuida, efetivamente, não é possível imaginar hipótese em que tenha o agente tentado deixar de recolher as contribuições arrecadadas, até porque não se exige um resultado naturalístico.

Nessa linha se manifesta Decomain, para quem "Essa modalidade delituosa não admite tentativa. Ou o tributo é pago no vencimento e inexiste crime, ou o pagamento não acontece e o ilícito estará consumado."[81]

---

[79] CERNICCHIARO, Luiz Vicente. *Dicionário de Direito Penal*, p. 114.
[80] ZAFFARONI, Eugenio Raúl. *Da Tentativa*, p. 126.
[81] DECOMAIN, Pedro Roberto, *Crimes contra a Ordem Tributária*, p. 95.

2.12. Local do crime

Nos termos do art. 6º do Código Penal, adotada a teoria da ubiqüidade, considera-se local do crime tanto aquele onde ocorreu a ação ou omissão quanto aquele onde se produziu ou deveria produzir-se o resultado. A regra é importante para a determinação da competência, o que se dá em função do lugar da consumação (CPP, art. 70).

Cuidando-se de crime formal, estará consumado no lugar em que se der a omissão, ou seja, onde funcionar a sede da empresa e não onde forem pagos os salários, uma vez que o crime se dá pela omissão no recolhimento, não pela arrecadação das contribuições, visto que este momento não integra a conduta. Aliás, nos termos do art. 159 do CTN, "...o pagamento é efetuado na repartição competente do domicílio do sujeito passivo.", salvo existência de regra em contrário na legislação tributária. Se houver várias filiais, será o lugar da administração central.

O Tribunal Regional Federal da 4ª Região, porém, já decidiu pela fixação da competência no local do pagamento dos salários em acórdão assim ementado:

> "Crime de omissão de recolhimento de contribuições previdenciárias. Consumação. Sendo o pagamento dos salários efetuado em São Paulo, consumou-se o delito no local do pagamento. Ação penal movida perante o Juízo Federal em Porto Alegre, que se quer trancar por atipicidade ou extinção da punibilidade, cujo processo é nulo por incompetência absoluta. Nulidade declarada de ofício, concedida a ordem em parte para remeter os autos ao juízo federal paulistano." (HC nº 97.04.09120-6, TRF da 4ª Região, 1ª T., Rel. Juiz Volkmer de Castilho, DJ 21.5.97, p. 36011).

2.13. Concurso de crimes

2.13.1. Concurso aparente

Como já dito, o crime previsto na alínea *d* do artigo 95 da Lei nº 8.213/91 somente ocorrerá quando se cuidar de contribuições descontadas ou cobradas e não recolhidas ao regime geral. A prática de condutas que atentem contra o regime de previdência dos servidores poderá configurar outras modalidades típicas previstas no Código Penal (estelionato, peculato, etc.) ou na Lei nº 8.137/90. Quanto à previdência privada, há figuras típicas específicas, previstas nos artigos 77 e 80 da Lei nº 6.435, de 15 de julho de 1977. Poderão ocorrer também delitos previstos na Lei de Economia Popular, na Lei dos Crimes contra o Sistema Financeiro Nacional e no Código do Consumidor, além de tipos do próprio Código Penal. Não há que falar, porém, em omissão no recolhimento de contribuições descontadas, na moldura da alínea *d* do art. 95 da Lei nº 8.212/91.

2.13.1.1. Apropriação indébita

Por todo o exposto, na análise dos elementos objetivos e subjetivos do delito em exame, resulta evidente que não guarda ele identidade com a apropriação indébita definida no art. 168 do Código Penal e as figuras a ela assemelhadas como o peculato-apropriação (CP, art. 312) e a apropriação do art. 5º da Lei nº 7.492/86.

No crime de apropriação indébita, "O núcleo do tipo é o verbo 'apropriar-se', que significa fazer sua a coisa alheia"[82] enquanto no crime de que se cuida a conduta se constitui na omissão do recolhimento da contribuição arrecadada.

Segundo Damásio de Jesus, a apropriação indébita pode ser classificada em: apropriação propriamente dita

---
[82] JESUS, Damásio Evangelista de. *Direito Penal*, p. 382.

e negativa de restituição. Na primeira "o sujeito pratica fato demonstrativo de que inverteu o título da posse, como a venda, doação, consumo, penhor, ocultação, etc. Na negativa de restituição o sujeito afirma claramente ao ofendido que não irá devolver o objeto material".[83] Em qualquer das hipóteses, a conduta consiste no assenhoreamento, na inversão no título da posse, processo que se dá no subjetivismo do autor. Isto, porém, é revelado por atos externos incompatíveis com a qualidade de possuidor ou detentor.

O crime de omissão no recolhimento de contribuições arrecadadas guarda certa semelhança com a apropriação indébita na segunda forma referida acima, ou seja, negativa de restituição.

A apropriação indébita exige, porém, como pressuposto material a posse ou detenção da coisa alheia, o que não se aplica ao crime em questão, como visto acima, na análise dos elementos objetivos do tipo, já que não se exige a disponibilidade material dos recursos, na medida em que o desconto é meramente escritural. A única possibilidade para admitir a apropriação indébita na matéria seria entender que o empresário, ao efetuar o pagamento dos salários, passa a ser possuidor da quantia da qual era dono, por força de um constituto possessório de origem legal. Esse instituto, previsto no inciso IV do art. 494 do Código Civil, "ocorre quando o possuidor de um bem que o possui em nome próprio passa a possuí-lo em nome alheio".[84] Nem isto, porém, é possível, na medida em que o recolhimento da contribuição deve anteceder o pagamento dos salários, como já visto.

Por fim, de acordo com a unanimidade da doutrina, a apropriação indébita somente se configura quando presente o elemento subjetivo do tipo consistente no ânimo de apropriação, que não é exigido para o crime

---

[83] JESUS, Damásio Evangelista de. ob. loc. cit.

[84] DINIZ, Maria Helena. *Curso de Direito Civil Brasileiro*, p. 55.

em exame. Com efeito, segundo Andreas Eisele "...no plano fiscal, o mero atraso constitui o ilícito, ainda que haja a intenção do contribuinte de entregar os valores posteriormente ao fisco, por reconhecer que tal receita não lhe pertence, no plano da apropriação indébita é necessário o *animus rem sibi habendi*, de modo que o agente necessariamente há de entender que a posse do bem tem caráter permanente".[85]

Vale transcrever, nesse ponto, a lição de Celso Kipper:

"A primeira constatação que se impõe da leitura da legislação passada e presente sobre a matéria é a de que em nenhum momento o delito de falta de recolhimento das quantias descontadas dos salários dos empregados a título de contribuição previdenciária configurou o crime de apropriação indébita, a exigir, para sua consumação, a prática da conduta típica descrita no tipo do art. 168 do CP. A equiparação existente na legislação anterior à Lei nº 8.137/90 entre o delito em questão e o de apropriação indébita foi determinada apenas para o efeito da pena ('Será punida com as penas...', 'é punida com a pena...'). Aliás, nem poderia ser diferente. Em primeiro lugar, porque, se os tipos penais transcritos estivessem subsumidos no art. 168 do CP, não teriam razão de existir, bastaria verificar diretamente a presença dos requisitos necessários à configuração da apropriação indébita nos casos de falta de recolhimento de contribuições previdenciárias. Em segundo lugar, as condutas descritas nos artigos são substancialmente diferentes da conduta estipulada no art. 168 do CP, tornando-se incompatível qualquer equiparação dos elementos dos delitos. Com efeito, o crime de apropriação indébita é comissivo, pois consiste na prática de um fato que a

---

[85] EISELE, Andreas. *Crimes contra a Ordem Tributária*, p. 156.

norma penal proíbe (apropriar-se de coisa alheia móvel de que tem a posse ou detenção). O delito em exame, ao contrário, é e sempre foi omissivo, visto que se configura com a omissão (a falta de recolhimento, deixar de recolher) de um fato que a norma penal ordena".[86]

Não é outra a posição de Miguel Reale Júnior, para quem a equiparação feita na legislação anterior, acima transcrita, tinha "por objetivo buscar de empréstimo as penas do delito de apropriação indébita para certas condutas atentatórias contra a ordem tributária. Em outras palavras, nomeava-se apropriação indébita, mas descrevia-se conduta específica".[87]

Poderá ocorrer apropriação indébita do Código Penal na hipótese de o contador receber os valores da empresa e não efetuar o recolhimento, caso em que será vítima a empresa. Como já decidiu o Tribunal de Alçada Criminal do Rio de Janeiro, "Pratica o crime do art. 168, parágrafo único, inciso III, do Código Penal, quem, como contador, deixa de recolher as quantias recebidas para pagamento do FGTS e do INPS." (Ap. Crim. nº 33.350/88, Capital, 1ª Cam., Rel. Juiz José Lucas Alves de Brito, j. em 2.3.88)

2.13.1.2. Lei nº 8.866/94

Sustentou-se, erroneamente, a revogação do dispositivo em questão com o advento da Lei nº 8.866, de 11 de abril de 1994, cujo artigo 1º dispõe que "É depositário

---

[86] KIPPER, Celso. art. cit., p.324.
Não é outra a orientação do TRF da 4ª Região, que assim se manifestou no julgamento da Ap. Criminal nº 97.04.51029-2-RS: "O crime tipificado no art. 95, d, da Lei 8.212/91, não se equipara, nem tampouco se trata de apropriação indébita, pois, para sua caracterização, não precisa o agente tomar para si os valores das contribuições previdenciárias, consumando-se com a simples omissão no recolhimento, nas épocas próprias, relativamente aos valores descontados dos empregados ou de terceiros." (1ª T., un., DJU 20.1.99).

[87] REALE JÚNIOR, Miguel. "Não há Apropriação Indébita por Assemelhação", RT 752/476.

da Fazenda Pública, observado o disposto nos arts. 1.282, I e 1.283 do Código Civil, a pessoa que a legislação tributária ou previdenciária imponha a obrigação de reter ou receber de terceiro, e recolher aos cofres públicos, impostos, taxas e contribuições, inclusive à seguridade social." O § 2º do mesmo artigo 1º, a seu turno, estabelece que "É depositário infiel aquele que não entrega à Fazenda Pública o valor referido neste artigo, no termo e forma fixados na legislação tributária ou previdenciária." Por fim, os §§ 1º e 2º do artigo 4º estabelecem a possibilidade de prisão do depositário infiel, por período não superior a noventa dias. Malgrada a imprópria menção à "pena" de prisão, constante do § 1º antes aludido, o diploma legal em exame disciplina a mera prisão civil do depositário infiel de valor pertencente à Fazenda Pública, medida que tem por finalidade apenas a coerção sobre o devedor para que devolva a coisa objeto do depósito. Deste modo, não pode ter o efeito de descriminar a conduta prevista na alínea *d* do artigo 95 da Lei nº 8.213/91.

Neste sentido é francamente majoritária a jurisprudência de ambas as Turmas com competência criminal do STJ e dos TRFs, como se vê dos arestos adiante transcritos:

> "Inexiste a alegada *abolitio criminis* pela superveniência da Lei 8.866/1994, que dispõe sobre a prisão do depositário infiel de valores pertencentes à Fazenda Pública, posto que, dando, supostamente, tratamento mais benéfico que a lei penal, tal dispositivo não descriminalizou a conduta prevista no art. 95, *d*, da Lei 8.212/1991." (STJ, RHC nº 96.5633/RS, Rel. Min. Cid Flaquer Scartezzini, 5ª T., un., DJU 18.11.96, p. 44.904)

> "A figura de depositário infiel de valor pertencente à Fazenda Pública, criada pela Lei nº 8.866/94, não configurou hipótese de supressão da figura delituo-

sa prevista no art. 95, alínea *d*, da Lei n. 8.212/91." (STJ, RHC nº 95.5120/CE, Rel. Min. Vicente Leal, 6ª T., un., DJU 22.4.96, p. 12.645)

"A Lei 8.866/94, ao criar a figura do depositário infiel de valores pertencentes à Fazenda Pública, não descriminalizou a conduta tipificada no art. 95, *d*, da Lei nº 8.212/91, pois sendo norma de natureza civil não tem repercussão na área penal." (TRF da 1ª Região, HC nº 97.01.0062795-4/MA, Rel. Juiz Osmar Tognolo, 3ª T., un., DJU 27.3.98, p. 134).

"9. Inocorre *abolitio criminis* na superveniência da Lei nº 8.866/94, que dispõe sobre a prisão do depositário infiel de valores pertencentes à Fazenda Pública. Ao tratar da falta de recolhimento de tributos e contribuições retidas ou recebidas de terceiro como ilícito civil, dando, supostamente, tratamento mais benéfico que a lei penal, aquele dispositivo não descriminalizou a conduta prevista no art. 95, letra *d*, da Lei nº 8.212/91." (TRF da 4ª Região, HC nº 96.04.01987-2/RS, Rel. Juíza Tania Escobar, 2ª T., un., DJU 20.3.96, p. 17.104).

"A criação da figura do depositário fiel da Fazenda Pública Nacional pela Lei 8.866/94 não configura *abolitio criminis* do crime capitulado no art. 95, *d*, da Lei 8.212/91, relativo ao não repasse da arrecadação de contribuições sociais à autarquia competente, por serem tais regramentos de esferas jurídicas distintas." (TRF da 5ª Região, HC nº 95.05.00542/CE, Rel. Juiz José Delgado, 2ª T., un., DJU 17.11.95, p. 79.507).

Em sentido contrário, mas sem razão, como antes afirmado, há decisão isolada da Corte Regional Federal da 5ª Região, no julgamento do Inquérito nº 95.05.00146/CE, relatada pelo Juiz Araken Mariz e publicada no DJ de 10.11.95, p. 77.547.

2.13.1.3. Lei nº 8.137/90, Art. 1º

Como visto, o delito em questão configura-se independentemente de qualquer fraude. Poderá ocorrer, porém, de a empresa possuir empregados não registrados. Se a empresa deixa de registrar empregados nos livros próprios ou paga salários "por fora" praticaria as condutas descritas nas alíneas *c*, *h* ou *i* do art. 95 da Lei nº 8.212/91. Aqueles dispositivos, contudo, são desprovidos de sanção. Assim, se a finalidade de tais falsidades for a supressão ou redução de tributo, estará configurado o delito do inciso II do art. 1º da Lei nº 8.137/90.

2.13.1.4. Lei nº 8.137/90, Art. 2º, II

A conduta em exame amolda-se tanto à descrição típica do inciso II do art. 2º da Lei nº 8.137/90 quanto aquela contida na alínea *d* do artigo 95 da Lei do Custeio da Previdência Social. Evidentemente, o caso não é de concurso formal ou material, havendo aí um conflito aparente de normas penais, solucionado pelo princípio da especialidade.[88] Assim, quando a falta do recolhimento for de contribuição social devida ao regime geral, será aplicada a lei especial; ficando a norma anterior reservada para os demais tributos, como por exemplo o Imposto sobre Produtos Industrializados - IPI, o Imposto de Renda Retido na Fonte - IRRF e o Imposto Sobre Circulação de Mercadorias e Serviços - ICMS.

2.13.2. Concurso material

Como o crime se dá pela omissão no recolhimento das contribuições arrecadadas, e o recolhimento é único, não há que falar em um crime para cada um dos empregados da empresa. No caso de contribuição sobre a produção agrícola, também não haverá um crime para cada operação de compra e venda ou consignação. O

---

[88] Neste sentido: SILVA, Juary C. *Elementos de Direito Penal Tributário*, p. 240.

crime será único para cada competência em que ocorrer a omissão, embora possa ocorrer em uma empresa com um único empregado ou quando ocorrida apenas uma operação de compra e venda com arrecadação da contribuição durante o mês de competência.[89]

Se ocorrer também omissão no recolhimento de IPI e IRRF, o que é, aliás, bastante comum, haverá concurso material de delitos. O mesmo será o tratamento se a omissão no recolhimento de contribuições previdenciárias ocorrer em várias empresas administradas pelos mesmos réus, ressalvada a hipótese de que configurem um grupo econômico.[90] Ao contrário, se há omissão, no mesmo mês, em estabelecimentos diversos da mesma empresa, o crime será único. Em todos esses casos, porém, nada impedirá a reunião dos processos, pela conexão, especialmente quando a tese defensiva versar sobre as dificuldades financeiras, que serão comuns ao grupo de empresas. (CPP, art. 76).

2.13.3. Crime continuado

2.13.3.1. Caracterização

Basta a omissão no recolhimento por uma vez para a caracterização do delito. Em regra, porém, a omissão criminosa se repete ao longo de vários meses, ilustrada por idênticas circunstâncias de tempo (meses sucessivos ou com breve intervalos), local (a sede da empresa) e modo de execução. A presença de tais requisitos abre espaço para a incidência do artigo 71 do Código Penal, caracterizando-se a continuidade delitiva. Adotada pelo Código a teoria objetiva, que dispensa a unidade de

---

[89] Comentando o inciso II do art. 2º da Lei nº 8.137/90, assim se manifesta: CORRÊA, Antonio. *Dos Crimes contra a Ordem Tributária*, p. 176.

[90] Em sentido contrário, pelo reconhecimento da continuidade delitiva, ainda que se trate de empresas diferentes, a decisão do TRF da 4ª Região proferida no julgamento do RSE nº 98.04.01.82600-5, Rel. Juiz Convocado Márcio Antônio Rocha, 1ª T., un., DJU 5.5.99.

ideação,[91] será irrelevante perquirir sobre tal elemento para a caracterização da continuidade.

Sobre esse aspecto, o TRF da 4ª Região já decidiu que "O não recolhimento de contribuições previdenciárias com interstícios mensais caracteriza o crime continuado, se presentes as demais condições do art. 71 do CP." (ACr nº 97.04.20302-0/SC, Rel. Juiz Fábio Bittencourt da Rosa, 1ª T., un., DJU 8.7.98, p. 196). Em outro aresto, o Relator, Juiz Gilson Dipp, hoje Ministro do STJ, afirmou que "Havendo reiteração da omissão do não-recolhimento das contribuições descontadas dos empregados, opera-se a continuidade delitiva." No mesmo julgamento, merece registro o voto vencido do Juiz Luiz Carlos de Castro Lugon, afirmando "...que não se pode ter esse pretenso crime como continuado, pois ter-se-ia quase um crime continuado de nascença, pois raramente uma empresa deixa de recolher um mês apenas." (Ap. Crim. nº 96.04.48057-0/RS, 1ª T., m., DJU 28.5.97, p. 38542). Em verdade, da circunstância de que seja comum que um determinado crime ocorra sob a forma continuada, não decorre a impossibilidade do reconhecimento dessa forma de concurso. Aliás, afastada a continuidade, a solução seria o concurso material, mais gravoso para o réu, uma vez que a lei não exige a habitualidade como elementar do delito, embora seja ela comum.[92] Em outras palavras, não se cuida de crime habitual, como o curandeirismo (CP, art. 284), assim entendido "...um delito de estrutura complexa, para cuja constituição é indispensável uma soma de fatos que, isolados, não constituem delito."[93]

Segundo Pedro Roberto Decomain, o crime em exame "... admite a continuidade delitiva, que ocorrerá

---

[91] Neste sentido: COSTA JÚNIOR, Paulo José da. *Comentários ao Código Penal*, p. 244.

[92] Em abono do afirmado: EISELE, Andreas, *Crimes contra a Ordem Tributária*, p. 163.

[93] SZNICK, Valdir. *Delito Habitual*, p. 41.

caso o sujeito passivo da obrigação tributária deixe de recolher, em sucessivos períodos próximos no tempo, um tributo que haja cobrado ou descontado de terceiro. A continuidade é admissível, inclusive, entre crimes previstos na lei atual, e outros, idênticos, praticados quando ainda em vigor leis anteriores, que incriminavam a mesma conduta."[94]

O intervalo de um ou dois meses não será suficiente para descaracterizar a cadeia de continuidade pelo fator temporal. O mesmo pode ser afirmado, quanto ao elemento espacial, no caso de uma empresa com vários estabelecimentos localizados em cidades diversas, uma vez que as decisões serão tomadas na sede.

Não se cuida, tampouco, de crime permanente,[95] assim entendido aquele em que a ofensa ao bem jurídico se prolonga no tempo, como é o caso da extorsão mediante seqüestro (CP, art. 159). A cada vez que se vence o prazo para o recolhimento um delito autônomo estará configurado, não persistindo a lesão ao bem jurídico nos intervalos entre um e outro fato. Aliás, se a hipótese fosse de crime permanente quando as omissões se revelam em meses sucessivos, o agente que deixasse de recolher as contribuições em dois períodos sucessivos de três meses medeados por um ano de recolhimentos corretos, totalizando seis fatos, seria apenado mais severamente que aquele que deixasse de recolher ininterruptamente ao longo de dois anos, totalizando vinte e quatro fatos. Além disso, não se poderá saber, de antemão, durante o intervalo entre o vencimento de uma e outra competência, se a próxima será ou não recolhida. É da essência do crime permanente a persistência da lesão ao bem jurídico, o que permite inclusive a prisão em flagrante delito enquanto durar a permanência.

---

[94] *Crimes Contra a Ordem Tributária*, p. 95.

[95] EISELE, Andreas. *Crimes contra a Ordem Tributária*, p. 163.

Especialmente depois do aumento da pena imposto pela Lei nº 8.212/91, surgiu a tese de que o crime seria único, apesar de a omissão no recolhimento se dar ao longo de vários meses. O efeito disso seria a inexistência de aumento por conta da continuidade. Desse modo, nos casos em que a pena se mantivesse no mínimo legal, seria possível a concessão do *sursis*. Apesar dessa conseqüência, que torna a tese bastante sedutora, não é possível acolhê-la, pois é tranqüilo que mesmo havendo omissão apenas por um mês, haverá o crime.[96]

Sobre esse ponto já se manifestou o Tribunal Regional Federal da 4ª Região, em acórdão assim ementado: "A cada mês que o agente deixa de recolher as contribuições previdenciárias, comete a unidade delitiva descrita no art. 95, *d*, da Lei nº 8.212/91. Assim, deixando de recolher por mais de um mês, é de ser aplicada a majorante pela continuidade delitiva, descrita no art. 71 do CP/40." (Ap. Crim. nº 96.04.12306-8, Rel. Juiz Teori Albino Zavascki, 2ª T., un., DJU 4.6.97, p. 40.711).

2.13.3.2. *Quantidade do aumento*

Em regra, a quantidade do aumento no crime continuado, dentro dos limites abstratamente previstos, é determinada pelo número de fatos ocorridos. No crime de que se cuida, cada mês de omissão corresponde a um fato, de modo que o número de meses em que não houve o recolhimento determinaria o *quantum* do aumento.

Comumente, porém, o fato acontece ao longo de muitos meses. Como a reiteração aqui é usual, e a pena abstratamente fixada extremamente elevada, entendeu o

---

[96] Uma análise mais detida fugiria aos limites deste trabalho, mas vale conferir a argumentação de Eugênio Raúl Zaffaroni em seu *Manual de Direito Penal Brasileiro*, pp. 727-9, na qual defende a tese de que o crime continuado como tratado na legislação brasileira equivaleria a uma hipótese de concurso material com pena mitigada, enquanto no "verdadeiro crime continuado", caracterizado pelo dolo unitário, com repetição da afetação típica realizada de forma similar, a pena deveria ser única, sem qualquer aumento.

TRF da 4ª Região que "o aumento decorrente da continuidade não precisa obedecer, necessariamente, critério objetivo ou matemático, em função do número de fatos". (TRF da 4ª Região, ACr 96.04.58814-1/RS, Rel. p/ Acórdão Juiz Amir José Finocchiaro Sarti, 1ª T., DJU 27.1.99, p. 322.) Nesse julgado, a Corte, corretamente, afastou o critério puramente matemático, pelo qual a prática de dois delitos determina aumento de um sexto; três delitos, aumento de um quinto, e assim sucessivamente. No mesmo sentido a decisão da Apelação Criminal nº 96.04.06603-0/RS, com a seguinte ementa: "Na fixação do percentual de exasperação decorrente da continuidade delitiva, deve-se considerar o caráter de repetição contido nos delitos de omissão de recolhimento de contribuições previdenciárias, de forma a flexibilizar o critério objetivo que dosa o aumento na proporção de infrações cometidas." (Rel. p/Acórdão Juiz Hermes Siedler da Conceição Júnior, 1ª T., m., j. em 27.10.98). Desse entendimento não destoou a turma ao julgar a Ap. Crim. nº 97.04.18914-1/RS, afirmando que "A continuidade deve ser considerada, para fins de aumento da reprimenda, em percentual de menor intensidade, pela própria característica do delito repetitivo de que se cuida." (1ª T., m., Rel. Juiz Gilson Dipp, DJU 24.6.98, p. 494)

2.13.3.3. Conflito de leis no tempo

Questiona-se qual será a tipificação quanto os fatos da cadeia de continuidade se deram sob o império de leis distintas, uma vez que três leis se sucederam na disciplina da matéria, em curto espaço de tempo, a saber: Lei nº 3.807/60 (Lei Orgânica da Previdência Social), art. 86, até 27.12.90; Lei nº 8.137, de 27.12.90, art. 1º, *caput* c/c art. 2º, *caput*, de 28.12.90 a 24.7.91; e Lei nº 8.212/91, art. 95, *d*, a partir de 25.7.91. Cada uma dessas leis cominou, como visto alhures, penas diferentes para o mesmo fato.

Se todos os fatos ocorreram na vigência de uma mesma lei, não há qualquer dificuldade. O problema surge quando as condutas da seqüência se deram sob o império de leis diversas. E a gravidade da questão é sublimada quando a lei posterior é mais gravosa, como na transição da Lei nº 8.137/90 para a Lei nº 8.212/91.

A posição predominante na doutrina é no sentido da aplicação da lei mais recente, já que o agente continua praticando o fato mesmo após sua entrada em vigor, apesar de advertido do agravamento da sanção.

Neste sentido, os seguintes excertos:

"Se a lei posterior é menos favorável, e alcança uma parte da série dos crimes em continuação, enquanto que a outra parte fora cometida na vigência da lei mais benigna, qual das duas se aplica? Claro é que a lei mais recente, se for mais severa, não se aplicará aos fatos praticados antes da sua vigência, vedada que é sua retroatividade. Na hipótese do crime continuado, porém, fica aberta uma exceção ao princípio, se pelo menos um dos crimes tiver sido praticado sob a sua vigência. Dá-se aqui uma solidificação das infrações, e a definição menos favorável contida na lei nova terá aplicação a todas elas, através da unidade da pena."[97]

"No caso de crimes habituais, continuados ou no permanente, em que alguns atos foram praticados na vigência de uma lei e outra parte do crime praticada na vigência da lei nova, certo que não haverá duas séries (praticados antes e depois da lei nova), mas unificação de crimes, aplicando-se a lei em vigor ao tempo em que foi praticado o último

---

[97] PIMENTEL, Manoel Pedro, *apud* Alécio Adão Lovatto, "Dos Crimes contra a Ordem Tributária ou Sonegação Fiscal", Revista do Ministério Público do Rio Grande do Sul, 28/37.

ato ou fração dele, ainda que a lei seja mais severa que a anterior."[98]

"No que tange a esta classe de delitos, onde se constata a presença de uma série de atos que, pela sua homogeneidade objetiva, conclui-se serem os subseqüentes continuação dos antecedentes, o momento do crime repete-se em cada nova conduta do agente. Em tais casos, se no período de tempo em que se desdobram as continuadas ações do agente surgir uma lei, mesmo que mais rígida que a anterior, pela norma nova é que se irá punir a infração. Isto porque a lei empresta uma unidade delitiva ao crime continuado. Aqui, por *fictio juris*, as diversas infrações penais integram-se num bloco único. Deste modo, juridicamente, não se há de considerar duas séries de atos, como pensam alguns autores: uma praticada na vigência da lei velha, outra no império da *lex* nova, para dar-se a cada uma delas tratamento diverso."[99]

"No crime continuado, se os fatos já eram incriminados pela lei anterior, a lei nova simplesmente modificadora, ainda que desfavorável, se aplica a toda linha do comportamento do agente, que se apresenta como um conjunto unificado."[100]

"Relativamente ao crime continuado, constituído por pluralidade de violações jurídicas, sem intercorrente punição, a que a lei confere unidade, em face da homogeneidade objetiva, obedece às regras seguintes. Se os fatos anteriores já eram punidos e a nova lei é simplesmente modificadora, aplica-se a

---

[98] FIGUEIREDO, Ariovaldo Alves de. *Comentários ao Código Penal*, São Paulo, Saraiva, 1985, 1º v., p. 47.

[99] LEIRIA, Antônio José Fabricio. *Teoria e Aplicação da Lei Penal*, São Paulo, Saraiva, 1981, pp. 94-95.

[100] BRUNO, Aníbal. *Direito Penal*, 3ª ed., Rio de Janeiro, Forense, 1967, Tomo 1º, p. 258.

toda a conduta do sujeito ativo, que se apresenta como um conjunto unitário."[101]

Os Tribunais Regionais Federais também adotavam esta linha, como se vê, exemplificativamente, pelos acórdãos assim ementados:

"(...) Tratando-se de crime continuado perpetrado sob o pálio de duas leis, e prescrevendo a lei superveniente a mesma conduta delitiva com sanção mais gravosa, aplica-se a nova disposição legal, tendo em vista que o agente já estava advertido da maior gravidade da pena pela continuação da prática delituosa." (TRF 3ª Região, HC 0301470-4/SP, Rel. Juiz Silval Antunes, julgado em 10.05.94)

"*Habeas Corpus*. Lei penal. Aplicação no tempo. Crime continuado. Princípio da atividade. A lei nova que sobrevém ao início do crime continuado, ainda que mais severa, é aplicável a toda a série de delitos que o unificam, se o agente persevera na respectiva prática, porque está advertido de sua conduta. Ordem Denegada." (TRF 4ª Região, *Habeas Corpus* nº 94.04.50951-5-SC, Relator Juiz Ari Pargendler, DJU 25.1.95, p. 2184). (No mesmo sentido: ACr 97.04.50781-0/RS, Rel. Juiz Gilson Dipp, j. em 23.6.98)

Mais recentemente, porém, parece ter havido uma modificação na orientação da Corte Regional Federal da 4ª Região, a qual decidiu que "Se numa série de doze atos delituosos, onze foram praticados sob a égide de lei mais benigna, é esta a norma que deve ser aplicada no apenamento do réu." (Embargos Infringentes em Ap. Crim. nº 96.04.05358-2/RS, Rel. Amir José Finocchiaro Sarti, 1ª Seção, un., DJU 13.1.99)

---

[101] NORONHA, Edgard Magalhães. *Direito Penal*, 12ª ed., São Paulo, Saraiva, 1975, 1º v., p. 79.

Com a devida vênia, tenho que deve ser aplicada a lei nova mais gravosa. É que, além de estar o réu advertido da nova pena, a previsão do artigo 71 do Código Penal é de aplicação da "pena de um só dos crimes, se idênticas, ou a mais grave, se diversas". Ora, sendo a mais grave a pena prevista na alínea *d* do artigo 95 da Lei nº 8.212/91, esta é que deve ser aplicada, acrescida do aumento decorrente da continuidade. Esta, aliás, a posição do Supremo Tribunal Federal.[102]

2.13.3.4. Prescrição
Outra questão da maior relevância frente ao tema do crime continuado diz com a prescrição. Discute-se acerca do termo inicial da prescrição da pretensão punitiva estatal. Estaria ele colocado na data do último fato da cadeia de continuidade? Ou é possível reconhecer a prescrição de cada fato, isoladamente?

O Tribunal Regional Federal da 4ª Região, por sua 3ª Turma, já decidiu que "No concurso de crimes, como é o caso do crime continuado, a extinção da pena incide sobre cada um dos delitos, isoladamente." (*Habeas Corpus* nº 94.04.20247/RS, Relatora Juíza Tania Escobar, DJU 29.6.94, p. 35325). O fundamento da decisão foi o artigo 119 do Código Penal, pelo qual "No concurso de crimes, a extinção da punibilidade incidirá sobre a pena de cada um, isoladamente." Deste modo, a ocorrência ou não de prescrição deverá ser verificada em relação a cada fato. Não é outra a posição de Fábio Bittencourt da Rosa.[103]

Colocada essa posição, cumpre referir como dar-lhe aplicação prática.

No momento do oferecimento da denúncia, verificado que a prescrição pela pena em abstrato alcançou alguns dos fatos da cadeia de continuidade, deverá ser decretada a extinção da punibilidade em relação a estes.

---

[102] HC 76.978-1/RS, Rel. Min. Maurício Correa, 2ª T., un., DJU 19.2.99, p. 27.

[103] Art. cit., p. 247.

Não há óbice a que o agente do Ministério Público ofereça a denúncia em relação aos fatos imprescritos e requeira o reconhecimento da causa extintiva em relação aos demais. Se for oferecida a denúncia em relação a fatos prescritos, o juiz deverá receber a denúncia quanto aos fatos imprescritos e decretar a extinção da punibilidade em relação aos demais (CPP, arts. 43, II, e 61). Se isso não for feito por ocasião do recebimento da denúncia ou no curso da instrução criminal, o juiz deverá decretar a extinção da punibilidade parcial por ocasião da sentença, desconsiderando aqueles fatos para a fixação da quantidade de aumento por conta da continuidade e os valores relativos a tais competências para determinação das conseqüências do delito.

É mais problemática a questão da prescrição pela pena concretizada na sentença. Tenho porém que mesmo neste caso deverá o tribunal ou o juiz da execução decretar a extinção da punibilidade parcial. Caso isso se dê no tribunal, será possível, em linha de princípio, a redução da quantidade do aumento por conta da continuidade, pois diminuirá o número de infrações. O juiz da execução, ao contrário, apesar de decretar a extinção da punibilidade parcial, não poderá diminuir a pena em virtude do trânsito em julgado.

O TRF da 4ª Região, em decisão proferida por maioria de votos, já reconheceu a prescrição parcial com base na pena concretizada na sentença.[104]

2.13.3.5. Coisa julgada

O reconhecimento da continuidade poderá ter também implicações processuais, tendo o TRF da 4ª Região decidido que "Se o réu omitiu-se, de forma continuada,

---

[104] "PENAL. CONTRIBUIÇÕES PREVIDENCIÁRIAS. NÃO RECOLHIMENTO DOS VALORES DESCONTADOS. PRESCRIÇÃO. 1. Extingue-se a punibilidade em relação aos fatos ocorridos em período já prescrito, considerada a pena imposta na sentença e o que dispõe o art. 110, § 2º, do CP-40. (...)" (2ª T., Rel. p/ acórdão Juiz Teori Albino Zavascki, DJU 18.1.95, p. 1387.

no recolhimento de contribuições previdenciárias, respondendo, por isso, a duas ações penais distintas, a absolvição na primeira, por sentença transitada em julgado, implica, necessariamente, reconhecimento da coisa julgada na segunda, com a conseqüente extinção do processo." (Ap. Crim. nº 95.04.15254-6/RS, Rel. Juiz Vladimir Freitas, RTRF 4ª R. 25:319).

Com a devida vênia, tenho que a conclusão acerca do reconhecimento da coisa julgada dependerá necessariamente do exame do fundamento da absolvição. Assim é que haverá coisa julgada quando for reconhecido na sentença que o fato não constitui infração penal (CPP, art. 386, III). Nos demais casos de absolvição previstos pela lei processual, todos ligados à presença ou não de circunstâncias de fato, não será possível o reconhecimento da coisa julgada, pois as condições de fato poderão mudar em relação a cada um dos eventos que compõem a cadeia de continuidade. Exemplificando, se o réu foi absolvido por ter sido reconhecida a inexigibilidade de conduta diversa em razão de dificuldades financeiras, não haverá coisa julgada em outro processo relativo a fatos análogos ocorridos em época diversa. No novo processo deverá o acusado produzir a prova de que ao tempo dos outros fatos as dificuldades financeiras persistiam.

Mais acertado, então, acórdão no qual se decidiu que "A existência de sentença condenatória definitiva não impede o oferecimento de nova denúncia contra sócio da empresa, pelos mesmos fatos delituosos, mas relativos a períodos posteriores, pois não caracteriza coisa julgada e havendo continuidade delitiva entre os crimes dos dois processos a unificação das penas se dará nos termos do art. 82 do CPP/41." (HC nº 97.04.43688-2/RS, Rel. Juiz José Fernando Jardim de Camargo, 2ª T., un., DJU 15.4.98, p. 230). (No mesmo sentido: Ação Penal nº 93.04.39699-9/RS, Rel. Juiz Volkmer de Castilho, Plenário, DJU 29.6.94, p. 35275)

2.14. Pena

"A história do Direito Punitivo demonstra que a cominação de penas desproporcionadas e injustas termina por não ser observada pelos juízes." (Heleno Cláudio Fragoso)

A pena do crime em questão foi fixada por remissão ao art. 5º da Lei nº 7.492, de 16 de junho de 1986, ou seja, 2 (dois) a 6 (seis) anos de reclusão, e multa. A técnica legislativa utilizada é deplorável, inclusive porque o delito com o qual foi equiparada a pena é uma forma especial de apropriação indébita, e a omissão no recolhimento de contribuições descontadas é estruturalmente diferente da apropriação, como já se viu.

A pena está, evidentemente, superdimensionada.[105] Fica demonstrada a falta de razoabilidade dessa pena quando se vê que o emprego de fraude para suprimir ou reduzir tributo é apenado menos severamente (Lei nº 8.137/90, art. 2º, I). Ora, a omissão no recolhimento de contribuições previdenciárias é delito grave quanto ao resultado - diminuição dos recursos da seguridade social - e ao bem jurídico protegido - a própria seguridade social. Além disso, a omissão no recolhimento de IPI ou IRRF, apenada nos termos da Lei nº 8.137/90, também atinge a seguridade social, já que esta é "...financiada por toda a sociedade, de forma direta e indireta, nos termos da lei, mediante recursos provenientes dos orçamentos da União, dos Estados, do Distrito Federal e dos Municípios...", além das contribuições sociais (CF, art. 195). Não se pode esquecer, de outro lado, que exerce papel predominante na fixação da pena o desvalor da conduta em si - e não o desvalor do resultado, sendo evidente que a falsidade ou a fraude são largamente

---

[105] DOBROWOLSKI, Sílvio. "Novas considerações sobre o crime de omissão de recolhimento de tributos e contribuições", Revista de Informação Legislativa, 139/119.

mais ofensivas à consciência jurídica que a mera omissão no recolhimento de tributo declarado, ainda que descontado de terceiro.

O mínimo de dois anos já é por si excessivo. A circunstância de que o fato se dá, usualmente, em continuidade, impõe um aumento mínimo de um sexto na terceira fase da dosimetria da pena, o que acarreta um aumento para dois anos e quatro meses, no mínimo. Mantida essa pena, fica impedida a concessão do *sursis* (CP, art. 77).

A excessiva rigidez do legislador conduziu a um resultado já esperado, como a história poderia ensinar. Os juízes e tribunais, diariamente colocados diante do dilema de absolver os acusados ou submetê-los a um nocivo contato com o ambiente prisional, não raro vinham preferindo adotar a primeira solução, apesar de configurado o delito e pobremente provadas as dificuldades financeiras. Resulta que o agravamento da pena acabou tendo efeito diverso do esperado, aumentando o número de absolvições. Em lugar de melhor proteger o bem jurídico, acabou por deixá-lo ao desamparo.

A solução estaria, sem dúvida, na adequação da pena à realidade social, com sua diminuição para quantidade que permitisse a suspensão do processo, aplicando-se o art. 89 da Lei nº 9.099/95, uma vez que se trata de infração de escasso potencial ofensivo.

Esse era o quadro, modificado parcialmente pelo advento da Lei nº 9.714, de 25 de novembro de 1998, a qual alterou o Código Penal para introduzir novas modalidades de penas restritivas de direitos, substitutivas das penas privativas de liberdade inferiores a quatro anos no caso de crimes cometidos sem violência ou grave ameaça à pessoa, como neste de que se cuida. Assim é que, atendidos os requisitos do artigo 44 do Código Penal, com a nova redação, a pena privativa de liberdade aplicada, fatalmente superior a um ano, poderá ser substituída por uma pena restritiva de direitos e multa, ou por duas penas restritivas de direitos (CP, art.

44, § 2º). A substituição não deverá, porém, ocorrer de forma indiscriminada, mas sim levando em conta as peculiaridades do caso concreto. Assim, por exemplo, não deverá ser aplicada a substituição quando a culpabilidade for exacerbada por ser clara a opção em não recolher, na referida situação em que a empresa vai mal, mas o empresário vai bem. Da mesma forma, deverão ser considerados os antecedentes e as circunstâncias, especialmente o valor do débito, sem esquecer eventual reincidência específica impeditiva da substituição.

Aplicando a nova legislação ao crime ora estudado, o TRF da 4ª Região decidiu que:

"Nos crimes patrimoniais, salvo quando praticados com violência ou em circunstâncias que evidenciem especial periculosidade, a melhor pena é, de regra, a que atinge o bolso do delinqüente. Para tanto, nada mais indicado do que a substituição da pena privativa de liberdade pela perda de bens e valores no montante do prejuízo causado ou do proveito obtido pelo agente ou por terceiro em conseqüência do crime. Se a pena for superior a um ano é recomendável aplicar uma segunda pena restritiva de direitos, preferencialmente a de prestação de serviços à comunidade ou de limitação de fim de semana." (ACr nº 96.04.58814-1/RS, Rel. p/ Acórdão Juiz Amir José Finocchiaro Sarti, 1ª T., m., DJU 1º.12.98, p. 322)

Entre as circunstâncias judiciais, apresenta especial relevo a das conseqüências do crime, na qual deve ser considerado o valor do tributo omitido, bem como eventual recolhimento posterior, ainda que após a denúncia ou parcial. Como já decidiu o TRF da 4ª Região, "O parcelamento/pagamento levado a efeito após o recebimento da denúncia é dado informador relevante da conduta do agente na composição do seu débito, considerado positivamente na individualização da pena, sendo incompatível com o benefício legal inscrito no art.

34 da Lei nº 9.249/95." (Ap. Crim. nº 96.04.51834-8/SC, Rel. Juíza Tania Escobar, 2ª T., m., DJU 10.6.98, p. 507)

De notar, ainda, que é extremamente comum a confissão, devendo ser reconhecida a atenuante do art. 65, III, *d*. A confissão não deve, porém, ser confundida com a denúncia espontânea, disciplinada no art. 138 do CTN, causa de exclusão da responsabilidade por infrações, em seu aspecto tributário, o que afasta as sanções de ordem administrativa, mas não aquelas penais. Com efeito, decidiu o Tribunal Regional Federal da 3ª Região que "A denúncia espontânea não tem efeitos na órbita penal, face ter o condão de somente excluir a responsabilidade pela infração tributária, nos termos do art. 138 do Código Tributário Nacional, sendo, portanto, esferas autônomas e independentes." (HC 95.03.063209-9/SP, Rel. Juíza Suzana Camargo, 5ª T., un., DJU 21.11.95, p. 80.335)

Como não se cuida de apropriação indébita, é inaplicável ao crime em questão a causa de aumento do inciso III do § 1º do art. 168 do Código Penal.

Quanto à pena de multa, importante observar a possibilidade de elevação até o décuplo do limite máximo do valor do dia-multa, como autorizado pelo art. 33 da Lei nº 7.492/86, aplicável ao crime em questão por força do disposto no § 1º do art. 95 da Lei nº 8.212/91.

2.15. Constitucionalidade[106]

2.15.1. Bem jurídico

Pode o legislador ordinário criminalizar toda e qualquer conduta? Ou está ele de algum modo limitado?

---

[106] O STF afastou argüição de inconstitucionalidade do tipo previsto no DL 326/67, relativo ao IPI, em acórdão publicado na RTJ 86/408. O precedente desserve, porém, ao debate ora travado, pois lá a questão constitucional era a possibilidade ou não de dispor sobre matéria penal através de Decreto-Lei. A mesma discussão se deu no julgamento do Recurso Criminal nº 544/SC pelo TFR (RTFR 82/2).

Segundo Luiz Luisi,[107] como decorrência do princípio da intervenção mínima, pelo qual somente devem ser criados crimes e cominadas penas quando necessário, este limite deve ser buscado na Constituição. Assim, será, em princípio, legítima a criminalização quando buscar a proteção de um bem jurídico protegido constitucionalmente.

Por esse aspecto, inegável a constitucionalidade da criminalização da conduta em exame, que visa a proteger um bem jurídico da maior relevância: a seguridade social, consagrada no art. 194 da Constituição Federal.

2.15.2. Prisão por dívida

Discute-se a constitucionalidade do tipo em questão frente ao disposto no inciso LXVII do artigo 5º da Constituição Federal, que veda a prisão civil por dívida, com exceção das hipóteses do inadimplemento involuntário e inescusável de obrigação alimentar e do depositário infiel.[108]

O primeiro argumento que poderia ser oposto à tese está na circunstância de que a Constituição proíbe a prisão *civil* por dívida, de modo que a imposição de pena criminal privativa de liberdade não ofenderia o texto constitucional. A tese já foi adotada em decisão liminar no *Habeas Corpus* nº 77.631-SC, na qual se discutia a constitucionalidade do inciso II do art. 2º da Lei nº 8.137/90. Na oportunidade o Relator, Min. Celso de Mello indeferiu a liminar "...tendo presente a relevante circunstância de que a norma legal cuja constitucionalidade está sendo questionada *incidenter tantum*, definiu hipótese de sanção penal (pena criminal), por delito contra a ordem tributária, e considerando que o art. 2º, II, da Lei nº 8.137/90, por isso mesmo, nenhuma prescri-

---

[107] LUISI, Luiz. *Os Princípios Constitucionais Penais*, p. 25.

[108] A tese é sustentada, doutrinariamente, por Sílvio Dobrowolski (RT 737/461) e Clèmerson Merlin Clève (RT 736/503).

ção veicula sobre o instituto da prisão civil por dívida..."[109] Posteriormente, examinando hipótese em que se discutia especificamente o delito de omissão do recolhimento de contribuições descontadas dos empregados, a 1ª Turma do STF asseverou cuidar-se de "Figura de caráter criminal inconfundível com a da prisão por dívida." (Rel. Min. Octávio Gallotti, DJU 21.5.99, p. 3, un.).

Em sentido contrário, Clèmerson Clève, no texto citado, para quem se o menos - a prisão civil - está proibido, com muito mais razão também está interditado o mais, ou seja, a prisão criminal.

Nesta linha, seria inconstitucional a norma penal que criminalizasse a conduta "dever". Este verbo foi subtraído das condutas passíveis de criminalização pelo legislador ordinário.

Ocorre que no caso em questão o que está criminalizado não é a conduta "dever", mas sim a conduta consistente em deixar de recolher a contribuição descontada ou cobrada, o que gera uma dívida. Vários tipos penais podem ser cometidos no bojo de uma relação lícita ou podem gerar uma dívida, como no dano e na apropriação indébita. O delito de emissão de cheque sem suficiente provisão de fundos, por exemplo, constitui uma dívida, mas também aí o que se criminaliza não é a dívida, mas a emissão do cheque sem a suficiente provisão de fundos em poder do sacado. Do mesmo modo, no crime de omissão no recolhimento de contribuições previdenciárias, o que se criminaliza não é a omissão no pagamento da contribuição do empregador, mas sim a conduta de deixar de recolher a contribuição previamente descontada.[110]

---

[109] No mesmo sentido se manifestam João Luiz Coelho da Rocha, em artigo intitulado "A Lei 8.137 e a Prisão por Débito Tributário", publicado na Revista de Direito Mercantil, n. 87, p. 67, e Pedro Roberto Decomain, *Crimes contra a Ordem Tributária*, p. 93.

[110] Não é outra a posição de: Pedro Roberto Decomain, ob. loc. cit., Edmar Oliveira Andrade Filho, *Direito Penal Tributário*, p. 64, e Andreas Eisele, *Crimes contra a Ordem Tributária*, p. 161.

O TRF da 4ª Região já decidiu que "Criando o legislador um tipo penal específico, apenado com severidade (Lei nº 8.212/91), não há ofensa à Constituição Federal ou ao Pacto de San José da Costa Rica, que tratam de situação diversa, ou seja, proíbem a prisão por dívida". (Ap. Cr. 96.04.51747-3, Rel. Vladimir Freitas, RTRF 4ª R. 31/170).[111]

Aliás, o inciso X do artigo 7º da Constituição estabelece como direito do trabalhador a "proteção do salário na forma da lei, constituindo crime sua retenção dolosa", em verdadeira indicação constitucional criminalizadora.

Argumenta-se, ainda, que a Convenção Americana de Direitos Humanos (Pacto de São José da Costa Rica), da qual o Brasil é signatário, estabelece em seu artigo 7º que "Ninguém deve ser detido por dívidas. Este princípio não limita os mandados de autoridade judiciária competente expedidos em virtude de inadimplemento de obrigação alimentar." Segundo o § 2º do art. 5º da Constituição Federal "Os direitos e garantias expressos nesta Constituição não excluem outros decorrentes do regime e dos princípios por ela adotados, ou dos tratados internacionais em que a República Federativa do Brasil seja parte." É certo, então, que o referido instrumento internacional tem vigência no país, mas com *status* de lei ordinária.[112] Se assim é, o referido tratado não impede que a legislação ordinária nacional disponha de modo diverso. De todo modo, dentro da linha acima defendida, não há ofensa à convenção.

---

[111] A mesma Corte afastou a alegação de inconstitucionalidade no julgamento da Ap. Crim. nº 96.04.51834-8/SC, Rel. Juíza Tania Escobar, 2ª T., m., DJU 10.6.98, p. 507, da Ap. Crim. nº 95.04.62454-5/PR, Rel. Juiz Teori Albino Zavascki, 2ª T., DJU 6.11.96, p. 84.792 e da Ap. Crim. nº 97.04.43684-0/RS, Rel. Juiz Gilson Dipp, 1ª T., un., DJU 22.10.97, p. 88.271.

[112] Neste sentido a lição de Luiz Flávio Gomes, com forte apoio doutrinário e jurisprudencial, em artigo intitulado "A questão da Obrigatoriedade dos Tratados e Convenções no Brasil (particular enfoque da Convenção Americana sobre Direitos Humanos, RT 710/21.

2.16. Ação Penal

2.16.1. Generalidades

O § 1º do artigo 95 determina a aplicação do art. 26 da Lei nº 7.492/86, o qual dispõe que a ação penal seja promovida pelo Ministério Público Federal perante a Justiça Federal. O dispositivo é, porém, ocioso, no que diz com os crimes contra a seguridade social, em face do disposto na Constituição Federal. Igualmente ocioso é o dispositivo quando permite, por analogia, a assistência do INSS, que poderá ser deferida com fundamento nas regras gerais do Código de Processo Penal.

A ação penal é pública incondicionada, de competência da Justiça Federal, uma vez que o delito é perpetrado em detrimento do Instituto Nacional do Seguro Social, que é autarquia federal (CF, art. 109, IV).

Não há que falar em representação como condição de procedibilidade, uma vez que a lei não a exige. A discussão é antiga, tanto é que publicou o STF a Súmula nº 609, afirmando a desnecessidade da representação.

A conclusão a que se chegou não é comprometida pelo artigo 83 da Lei nº 9.430, publicada em 30 de dezembro de 1996, segundo o qual:

"A representação fiscal para fins penais, relativa aos crimes contra a ordem tributária definidos nos arts. 1º e 2º da Lei nº 8.137, de 27 de dezembro de 1990, será encaminhada ao Ministério Público após proferida a decisão final, na esfera administrativa, sobre a exigência fiscal do crédito tributário correspondente."

Ainda que não haja ali expressa menção aos delitos previstos no artigo 95 da Lei nº 8.212/91, tenho que deverá ser aplicado também nesses casos, já que o tipo penal ali descrito também figura na Lei nº 8.137/90.

O dispositivo é merecedor de crítica, por dificultar ainda mais a já cambaleante persecução penal nos delitos de colarinho branco, especialmente porque não há óbice ao curso da prescrição. Todavia, tendo em vista que a representação fiscal não é condição de procedibilidade para a propositura da ação penal, que no caso é pública e incondicionada, nada obsta a ação do Ministério Público se tiver ciência, por outros meios, da ocorrência do ilícito. Aliás, o Supremo Tribunal Federal, ao apreciar o pedido de liminar na ADIn 1571, proposta pelo Procurador-Geral da República contra o dispositivo mencionado, decidiu que:

"Dispondo o art. 83, da Lei nº 9.430/1996, sobre a representação fiscal, há de ser compreendido nos limites da competência do Poder Executivo, o que significa dizer, rege atos da administração fazendária. Prevê, desse modo, o momento em que as autoridades competentes dessa área da Administração Federal deverão encaminhar ao Ministério Público Federal os expedientes contendo *notitia criminis*, acerca de delitos contra a ordem tributária, previstos nos arts. 1º e 2º, da Lei nº 8.137/1990. Estipula-se, para tanto, que a representação fiscal seja feita, após proferida decisão final, na esfera administrativa, sobre a exigência fiscal do crédito tributário correspondente. Bem de entender, assim, é que a norma não coarcta a ação do Ministério Público Federal, a teor do art. 129, I, da Constituição, no que concerne à propositura da ação penal. Dela não cuida o dispositivo, imediatamente. Decerto, tomando o MPF, pelos mais diversificados meios de sua ação, conhecimento de atos criminosos na ordem tributária, não fica impedido de agir, desde logo, utilizando-se, para isso, dos meios de prova a que tiver acesso. É de observar, ademais, que, para promover a ação penal pública, *ut* art. 129, I, da Lei Magna da República, pode o MP proceder às averiguações cabíveis, requisitando informações e documentos para instruir seus procedimentos administrativos, preparatórios à ação penal (CF, art. 129, VI), requisitando também diligências investigatórias e instauração de inquérito policial (CF, art. 129, VIII), o que, à evidência, não se poderia obstar por norma legal, nem a isso conduz a inteligência da regra *legis* impugnada ao definir disciplina para os procedimentos da Administração Fazendária. Decerto, o art. 83 em foco quer não aja a Administração, desde logo, sem antes concluir o processo administrativo fiscal, mas essa conduta imposta às autoridades fiscais não impede a ação do MP, que, com apoio no art. 129 e seus incisos, da Constituição, poderá proceder, de forma ampla, na pesquisa da verdade, na averiguação de fatos e na promoção imediata da ação penal pública, sempre que assim entender configurado ilícito, inclusive no plano tributário. Não define o art. 83, da Lei nº 9.430/1996, desse modo, condição de procedibilidade para a instauração da ação penal pública, pelo MP, que poderá, na forma de direito, mesmo antes de encerrada a instância administrativa, que é autônoma, iniciar a instância penal, com a propositura da ação correspondente."

2.16.2. Procedimento administrativo

É dominante na jurisprudência o entendimento de que "O procedimento administrativo-fiscal não constitui pressuposto ou condição de procedibilidade da ação penal, ou de instauração de inquérito policial para apurar o delito." (TRF 4ª Região, 1ª T., HC nº 95.04.24603-6/SC, Rel. Juíza Maria de Fátima Freitas Labarrère, DJU 14.8.96).

Assim, ainda que inexista ou não tenha sido concluído o processo administrativo-fiscal, por estar pendente julgamento de recurso, não há óbice ao oferecimento de denúncia e processamento da ação penal.

Isso não impede, porém, que a inexistência do débito fiscal, por qualquer motivo, seja levantada como matéria de defesa no processo penal, já que "... se inexiste tributo a pagar graças à ocorrência de uma causa imunitória, ou de uma isenção, ou remissão, anistia, pagamento, etc., autodenúncia espontânea, nas condições determinadas pelo Direito Tributário, que sejam excludentes da responsabilidade tributária, não poderá haver responsabilidade penal." O réu poderá questionar desde vícios no lançamento até a constitucionalidade da exação.[113]

Nesse caso, incidirá o artigo 93 do Código de Processo Penal, que abre ao Juiz a possibilidade de suspender temporariamente o processo penal, desde que: a) tenha sido proposta ação no juízo cível competente; b) a questão seja de difícil solução; e, c) a questão não verse sobre direito cuja prova a lei civil limite. Expirado o prazo da suspensão e eventual prorrogação, o juiz criminal terá competência plena para decidir a questão, na forma do § 1º. A solução acima é esposada por Fábio Bittencourt da Rosa, como segue: "Não se tratando de questão relativa a estado civil de pessoas, não fica o juiz do crime submetido à decisão do Juiz do cível, como acontece na hipótese prevista no art. 92. Por tal modo, poderá o Juiz criminal optar por aguardar, ou não, a sentença em eventual ação em que o empresário acusado esteja postulando o reconhecimento incidental da inconstitucionalidade da lei".[114]

Dentro dessa linha de independência entre as instâncias penal e administrativa, o STJ já decidiu que "O fato, por si só, de haver sido ajuizada ação anulatória de

---

[113] DERZI, Misabel Abreu Machado. Crimes contra a ordem Tributária, Normas Penais em Branco e Legalidade Rígida. Volume de apoio ao "Seminário sobre Crimes contra a Ordem Tributária". Realização: Repertório IOB de Jurisprudência, Coord. Valdir de Oliveira Rocha, São Paulo, 31 de março de 1995, p. 24, *apud* Heloísa Estellita Salomão, art. cit., p.37.

[114] Art. loc. cit.

débito fiscal, precedida de depósito judicial, não constitui óbice à procedibilidade da ação penal por sonegação fiscal se os fatos, tal como descritos na denúncia revestem-se, em tese, de ilicitude penal." (5ª T., Rel. Min. Cid Flaquer Scartezzini, DJU 20.3.95, p. 6.136.)

2.16.3. Inquérito policial

De outro lado, "O inquérito policial é mera peça informativa, podendo o Ministério Público dispensar tal procedimento se atingir a prova da materialidade e indícios suficientes da autoria por outros meios legais." (TRF 4ª Região, *Habeas Corpus* nº 96.04.01987-2/RS, Rel. Juíza Tania Escobar, 2ª T., un., DJU 20.3.96, p. 17.104). Vale lembrar o § 5º do artigo 39 do Código de Processo Penal: "O órgão do Ministério Público dispensará o inquérito, se com a representação forem oferecidos elementos que o habilitem a promover a ação penal...".

De fato, o inquérito policial é, as mais das vezes, dispensável no caso em questão. Ganha-se tempo, e a autoridade policial é poupada para casos que efetivamente imprescindem de investigação com o oferecimento de denúncia embasada no expediente administrativo elaborado pelo INSS. Aliás, o § 4º do artigo 95 da Lei nº 8.212/95 determina: "A Seguridade Social, através de seus órgãos competentes, e de acordo com o regulamento, promoverá a apreensão de comprovantes de arrecadação e de pagamento de benefícios, bem como de quaisquer documentos pertinentes, inclusive contábeis, mediante lavratura do competente termo, com a finalidade de apurar administrativamente a ocorrência dos crimes previstos neste artigo." Soma-se a isso o iniludível fato de que "A indiciação em inquérito importa em constrangimento e dissabores, além de depreciá-la no meio social e de trabalho onde vive, pouco importando que mais tarde não seja denunciada ou venha a ser absolvida em juízo."[115]

---

[115] SILVA, Juary C. *Elementos de Direito Penal Tributário*, p. 132.

Sobre a matéria, merece transcrito eloqüente trecho de Juary C. Silva:

"Do ponto de vista prático quer parecer que raramente os crimes tributários precisarão ser apurados através de inquérito policial. Se o Fisco detecta uma infração, é muito mais lógico que a repartição fiscal investigue a autoria e colha as provas, que são em princípio as documentais, do que recorra à abertura de inquérito policial, visto que os servidores do Fisco são conhecedores da matéria, ao passo que os agentes policiais não costumam ter conhecimentos de Direito Tributário. A par disso, a visão dos policiais é comumente formada pelo trato de infrações sem muita sofisticação, como roubo, furto, tráfico de tóxicos, homicídio e lesões corporais, em que a prova quase que exclusivamente é a testemunhal, ao passo que as infrações penais tributárias revestem-se de muito maior complexidade, necessitando, para o seu deslinde, de conhecimentos de Direito Civil e Comercial, Contabilidade, Comércio Internacional, instituições financeiras, sem falar no Direito Tributário e Administrativo. Não se compreende como exigir que policiais possuam tais conhecimentos, mesmo aqueles que servem em Delegacias de Crimes Fazendários e similares. Quem, pois, está em condições de investigar esses crimes é o próprio Fisco, que o fará não sob a forma de inquérito policial, mas sim de procedimento administrativo."

É essencial, porém, que figurem no dossiê, em cópias devidamente autenticadas (CPP, art. 232, parágrafo único): Notificação Fiscal de Lançamento de Débito, que é o auto de lançamento, firmado pelo Fiscal e pelo contribuinte ou seu representante legal, bem como o contrato social, declaração de firma individual ou ata de reunião de assembléia geral de nomeação de diretores.

O único inconveniente da inexistência de inquérito que a prática tem revelado é o oferecimento de denúncia contra pessoas que de fato não exerciam atividade de administração da empresa, mas figuravam como sócios-gerentes nos contratos sociais. Quando a negativa de autoria resta claramente esclarecida, o problema tem sido contornado com a heterodoxa solução da extinção do feito, sem julgamento do mérito, em relação a tais réus, por ilegitimidade de parte, aplicando-se analogicamente o art. 267, VI, do Código de Processo Civil, com fundamento no art. 3º do Código de Processo Penal. A solução é razoável, do ponto de vista prático, pois evita o constrangimento de submeter tal réu a todo o processamento.

De toda maneira, para evitar o problema, porém, poderá ser requisitado inquérito sempre que houver dúvida sobre a efetiva participação de algum sócio na empresa.

2.16.4. Intimação prévia

Diante da previsão legal de extinção da punibilidade no crime em questão para o caso de pagamento do débito antes do recebimento da denúncia, têm alguns juízes adotado a prática de determinar a intimação do responsável antes de proferir o despacho inicial.

O STJ já decidiu que "Em se tratando de crime tributário, o pagamento do débito, antes do recebimento da denúncia, extingue a punibilidade. Se o valor é conhecido após o recebimento, cumpre intimar o acusado para, querendo, efetuar o pagamento." (REsp nº 79.506/DF, Rel. Min. Luiz Vicente Cernicchiaro, 6ª T., un., DJU 3.8.98, p. 332). A hipótese é, porém, diversa, pois aqui a determinação decorreu da circunstância de ser o valor conhecido apenas depois do recebimento da denúncia.

De todo modo, a medida, do ponto de vista prático, é salutar, mormente se considerada a circunstância de que muitas vezes o contribuinte não teve ciência efetiva do lançamento fiscal, comunicado que foi por carta com aviso de recebimento, remetida para endereço no qual a empresa não mais funciona por mudança ou encerramento das atividades, o que estaria na linha do acórdão acima transcrito. Também está de acordo com a tendência, manifestada no anteprojeto de novo código processual penal, de que a notificação anterior ao recebimento da denúncia, hoje prevista apenas para determinados casos, passe a ser a regra geral.

De outro lado, a prática consiste no reconhecimento de que a norma penal em exame possui um aspecto essencialmente fiscalista, no qual perde relevância o desvalor da conduta, ensejador da tipificação penal.

De todo modo, o TRF da 4ª Região já decidiu que "Embora não prevista expressamente em lei, não é incompatível com o Processo Penal o ato do juiz que, antes do recebimento da denúncia, determina a intimação do acusado para que tome ciência da imputação, oportunizando-lhe com isso, extinguir a punibilidade, pelo pagamento. Providência semelhante está prevista no art. 514 do CPP, para certos casos de ação penal contra funcionários públicos, bem como no art. 5º da Lei 8.078, de 1990, para a universalidade das ações penais de competência originária dos Tribunais." (Correição Parcial nº 96.04.60025-7/RS, 2ª T., Rel. Juiz Teori Albino Zavascki, un., j. 14.11.96). A mesma Corte já chegou a afirmar que a medida "vai no rumo da moderna política de despenalização" (Correição Parcial nº 97.04.18451-4/SC, Rel. Juiz Volkmer de Castilho, 1ª T., m., DJU 30.7.97, p. 57.709). Assim se decidiu também no julgamento da Correição Parcial nº 97.04.25617-5/SC, Rel. Juiz Vladimir Passos de Freitas, 1ª T., un., DJU 20.8.97, p. 65240.

2.16.5. Perícia contábil

Não se exige perícia contábil para a comprovação da materialidade do delito. Como já decidiu o Tribunal

Regional Federal da 4ª Região "(...) 4.Tratando-se de delito previsto no art. 95, letra *d*, da Lei nº 8.212/91, em que a prova da materialidade é essencialmente documental, esta pode ser feita mediante a competente Notificação Fiscal de Lançamento de Débito, consubstanciada em regular procedimento administrativo lavrado pelo agente estatal incumbido legalmente em suas funções." (TRF 4ª Região, HC nº 96.04.01987-2/RS, Rel. Juíza Tania Escobar, 2ª T., un., DJU 20.3.96, p. 17.104). De modo mais específico, a mesma Corte decidiu que "Tratando-se de crime omissivo, que não deixa vestígios, considerado como fenômeno subjetivo/normativo, desnecessária a realização de perícia contábil."(Correição Parcial nº 98.04.08234-9/PR, Rel. Juiz Fábio Bittencourt da Rosa, 1ª T., un., DJU 8.7.98, p. 189) e também que "Se o procedimento administrativo foi suficientemente instruído, a prova pericial é prescindível, ante o princípio da veracidade dos atos administrativos."(ACr nº 97.04.14928-0/RS, Rel. Juiz Gilson Dipp, 1ª T., un., DJU 22.7.98, p. 403).

O próprio STJ já decidiu que "No crime decorrente da falta de recolhimento das contribuições previdenciárias, descontadas dos empregados, não se faz imprescindível, para o ato de denunciar, a realização de perícia contábil, bastando a apuração feita pela respectiva fiscalização." (HC nº 5.641-CE, Rel. Min. Anselmo Santiago, 6ª T., un., DJU 10.11.97).

2.16.6. *Reunião de processos*

Não chega a ser incomum a existência de várias ações penais contra os mesmos réus pelo delito de omissão no recolhimento de contribuições arrecadadas, seja porque os fatos se referem a períodos diversos, sucessivos no tempo, ou a fatos ocorridos em empresas diferentes. Outras vezes a omissão no recolhimento de contribuições é ladeada pela omissão no recolhimento de Imposto de Renda Retido na Fonte e Imposto sobre

Produtos Industrializados, matéria objeto do art. 2º, II, da Lei nº 8.137/90.

Quanto aos fatos praticados em período de tempo sucessivos, ainda que haja continuidade delitiva, a hipótese não é de continência, pois o crime continuado não é referido no inciso II do art. 77 do Código de Processo Penal. A própria caracterização da continuidade, porém, poderá ser melhor valorada ao longo da ação penal, o que faz presente a conexão probatória, a autorizar a reunião dos feitos com fundamento no inciso III do art. 76 do Código de Processo Penal. A unificação tem também a vantagem de que se proceda a uma única instrução, atendendo-se ao princípio da economia processual e procedendo de modo menos gravoso para os réus e testemunhas. Isso é especialmente apropriado se a tese de defesa for a exclusão da culpabilidade por inexigibilidade de conduta diversa em virtude das dificuldades financeiras. Nesse caso, não seria racional juntar os mesmos documentos e ouvir idênticas testemunhas em várias ações penais.

O Tribunal Regional Federal da 4ª Região já decidiu que "Se não há dúvida alguma sobre o caráter continuado do delito, no caso o mesmo réu que se omitiu no recolhimento de contribuições previdenciárias por um período de tempo ininterrupto, devem os fatos ser apurados simultaneamente, evitando-se decisões conflitantes ou eventual unificação futura das penas, resolvendo-se a competência pelo critério da prevenção." (CC nº 97.04.50245-1/PR, Rel. Juiz Vladimir Passos de Freitas, 1ª Seção, DJU 10.12.97, p. 108.187). No mesmo sentido: RTRF 4ª R. 26/284.

Aliás, sendo a tese defensiva a existência de dificuldades financeiras, nada impede que sejam reunidos feitos nos quais há acusação de omissão no recolhimento de contribuições e outros tributos federais. Há, porém, precedente em sentido contrário do TRF da 4ª Região, em acórdão assim ementado:

"*Habeas corpus*. Reunião de processos. Indeferimento. Conexão. Continuidade delitiva.
1. Respondem os pacientes por varias ações penais, por deixarem de recolher nas épocas próprias contribuições previdenciárias e impostos federais, assim, os delitos se referem a fatos diversos praticados em empresas distintas e em épocas diferentes, não influindo a prova da falta de recolhimento de uma contribuição com a de um imposto.
2. A Continuidade delitiva é matéria a ser examinada no julgamento das ações penais.
(HC nº 95.0430151-7/SC, TRF da 4ª Região, 2ª T., Rel. Juiz José Fernando Jardim de Camargo, DJ 29-11-95, p. 82.750)

Se os fatos disserem respeito a empresas diferentes, a reunião será cabível desde que pertençam a um mesmo grupo econômico, o que é comum, também com fundamento no inciso III do art. 76 do CPP. Se as empresas nada tiverem em comum, exceto o sócio-gerente, de pouco valerá a reunião. Nesse sentido o precedente que segue:

"*Habeas corpus*. Unificação de processos. Conexão/continência. Crime tipificado no art. 95, *d*, da Lei 8.212/91.
Ordem denegada para unificação dos feitos, tendo em vista a inocorrência de conexão/continência em crimes ocorridos em duas empresas e porque não ficou comprovado que a administração de ambas é feita pela mesma pessoa." (TRF da 4ª Região, HC nº 96.04.39484-3/PR, 2ª Turma, Rel. Juiz Wellington Almeida, DJ 10-10-96)

Ainda que os feitos estejam em fases diferentes, é possível a unificação, aguardando aquele que estiver em fase mais avançada até que o outro lhe alcance, seguindo os feitos reunidos a partir daí, a não ser que já tenha sido encerrada a instrução naquele que primeiro se iniciou, pois aí nada se ganha em termos de economia processual.

Em qualquer caso, o requerimento de unificação deve ser analisada com todo o cuidado, para que não se dê azo à extinção da punibilidade pela prescrição. Havendo esse risco, a unificação deverá ser indeferida, com fundamento no art. 80 do CPP. O mesmo procedimento será adotado quando excessivo o número de acusados ou quando já estiver encerrada a instrução em um dos feitos. No primeiro, as dificuldades no manuseio dos autos e a necessidade de intimação de todos para todos os atos do processo pode acabar por gerar alguma nulidade, fazendo com que a reunião tenha efeito contrário ao desejado. Quando já encerrada a instrução, não há economia processual a ser produzida.

Em qualquer hipótese, caso instaurados vários feitos, malgrada a existência de conexão ou continência, isso não impedirá a posterior unificação das penas, nos termos do art. 82 do CPP.

2.16.7. Prisão preventiva

Há casos nos quais a omissão no recolhimento das contribuições arrecadadas se prolonga por anos a fio. Embora respondendo a diversas ações penais e já condenado, persiste o agente na criminosa omissão, revelando desprezo pela Justiça e acentuada tendência para o crime. Adota-se como sistemática o não-pagamento dos tributos, financiando-se a atividade privada com recursos públicos, de forma deliberada. Em casos tais não colhe a alegação de dificuldades financeiras. A solução aí será a falência, caso em que os créditos públicos serão devidamente preservados, como quer a lei. Há, de fato, um interesse público na sobrevivência da empresa, mas desde que ela recolha os tributos devidos, pois o papel social da atividade empresarial não se dá pela mera geração de empregos e circulação de riquezas, mas também pelo pagamento dos tributos devidos, que tem destinação final social, especialmente quando se cuida das contribuições.

O reconhecimento desse quadro gera duas conseqüências. Em primeiro lugar, não deverá ser concedida a substituição da pena privativa de liberdade por restritiva de direitos, como previsto no art. 44 do Código Penal com a redação dada pela Lei nº 9.714/98. A substituição ali prevista não é automática, devendo ser concedida apenas quando presentes os requisitos objetivos e subjetivos para sua concessão. Em casos de perseverância no crime, a culpabilidade, os antecedentes e as circunstâncias se traduzem em impeditivo à concessão do benefício.

Em segundo lugar, segundo Eisele, "Na hipótese de continuidade delitiva contumaz, o que se verifica é a habitualidade delituosa, que é característica do modo de conduta social do agente (e não classificação doutrinária de crimes), e demonstra a periculosidade social do sujeito. Isso pode ser motivo, inclusive, da decretação de sua prisão preventiva como medida necessária à garantia da ordem pública (art. 312 do CPP)."[116]

Neste sentido o precedente que segue:

"Processo penal - *Habeas corpus* - Recebimento de denúncia - Prisão preventiva - Pressupostos que autorizam - Denegação do *writ*.

I - A expressão ordem pública, contida no artigo 312, do CPP, não se pode deixar de admitir que a sua abrangência alcança necessariamente a imperiosidade de se prevenir a reprodução de fatos criminosos não sendo menos exato afirmar que o acusado persiste na prática delituosa, revelando com isso, o total desrespeito para com a ordem jurídica, comprometendo a própria credibilidade da justiça, em face da gravidade dos fatos ora em curso.

---

[116] EISELE, Andreas. *Crimes contra a Ordem Tributária*, p. 169.

II - Trata-se, realmente, de paciente a quem se atribui fato altamente lesivo ao fisco - E não me refiro somente ao vulto da infração, ao que teria sido sonegado - E, por conseguinte, se apropriado de valor em cifra tão significativa, mas seu reflexo vez que propiciara, de certo, a evasão do distrito da culpa, motivo para que se possa afirmar que, no momento, e mais do que razoável que se mantenha detido o réu, a fim de que seja preservada a regularidade da aplicação da lei penal, bem assim a sua efetiva aplicação.
III - A Lei de Crimes Hediondos (Lei 8.072/90) dobrou os prazos processuais da lei de repressão ao tráfico de drogas e a jurisprudência tem flexibilizado os prazos do processo comum, conforme o nível de dificuldades encontrado em cada instrução criminal." (HC 027103-9/95, TRF da 2ª Região, Rel. Juíza Julieta Lunz, DJ 05-12-95, p.0841680)

Como já afirmou o STJ, aliás, "a primariedade, bons antecedentes, residência certa e emprego fixo não obstam a custódia provisória, mormente quando o decreto de prisão preventiva está bem fundamentado e estriba-se no interesse da ordem pública." (HC nº 94.00.34172-5/SP, Rel. Min. Anselmo Santiago, DJ 30.9.96, p. 36578).

Em sentido contrário, porém, já decidiu o TRF da 3ª Região que: "O fato do crime de retenção de contribuições previdenciárias ter seus efeitos prolongados no tempo não justifica a imposição da custódia cautelar do agente como meio para fazer cessar a apropriação dos valores descontados, sem que estejam presentes os pressupostos ensejadores da prisão preventiva. A decretação da prisão preventiva em razão, tão-só, da permanência da retenção indevida, implica na imposição de medida constritiva pessoal para a obtenção da satisfação de débito fiscal, inadmissível no ordenamento jurídico positivo, configurando flagrante supressão do *due process of law* e da ampla defesa a ela inerente, ainda que reduzida, na sede do executivo fiscal apropriado, este sim meio apropriado para a exação do tributo devido." (HC nº 95.03.015540-1, 1ª T., Rel. Juiz Theotonio Costa, un., j. 22.8.95). No mesmo sentido o TRF da 4ª Região, ao afirmar "incabível a proteção à ordem econômica em sede de não-recolhimento de contribuições previdenciárias." (Agr. Reg. Em HC nº 1999.04.01.103423-9/RS, Rel. Juíza Tania Escobar, 2ª T., un., DJU 2.6.99, p. 573)

Se adotada esta linha, uma solução razoável para fazer cessar a reiteração criminosa, embora traga diversas dificuldades práticas, é a intervenção da empresa, medida de que dá notícia o seguinte acórdão do TRF da 4ª Região:

> "Criminal. *Habeas corpus*. Medida preventiva destinada a impedir exercício do direito de administrar a empresa, cujos gerentes omitem, reiteradamente, o recolhimento de tributos. Viabilidade diante da inutilidade da prisão preventiva.
> 1. Se os gerentes, de forma contumaz, omitem o recolhimento de tributos devidos, tipificando conduta criminal, o Estado tem que evitar a reiteração do crime.
> 2. De nada adiantaria o recolhimento dos responsáveis à prisão, de onde persistiriam na orientação aos prepostos, sofrendo, ademais, o efeito deletério do convívio prisional;
> 3. A prevenção se fará pela interdição do direito de administrar a sociedade, nomeando-se administrador da confiança do juiz, que zelará para que se ajuste o empreendimento a uma finalidade lucrativa, mas também ética;
> 4. Eventualmente aplicada a pena substitutiva de interdição desse direito, nada impede que se aplique o instituto da detração, por analogia;
> 5. Se é possível interditar atividade de estabelecimento, muito mais a gerência da empresa, que

constitui reação estatal menos onerosa ao acusado da prática do crime;

6. Nos crimes econômicos, a contumácia só é obstada com a retirada do instrumento do delito, que é a disponibilidade do poder de gerência empresarial;

7. Ordem denegada.
(HC nº 97.04.69598-5/PR, TRF 4ª Região, 1ª T., Rel. Juiz Fábio Bittencourt da Rosa, un., j. 16.12.97)

2.16.8. Extinção da punibilidade

2.16.8.1. Pagamento

O artigo 14 da Lei nº 8.137, publicada em 28.12.90, previa como causa da extinção da punibilidade dos crimes definidos em seus artigos 1º a 3º, quando o agente efetuasse o pagamento do tributo, com os acessórios, antes do recebimento da denúncia.

Esse dispositivo foi revogado pelo artigo 98 da Lei nº 8.383, de 31.12.91. Permaneceu, porém, aplicável aos fatos ocorridos durante sua vigência, em virtude da ultratividade da lei mais benigna.

A extinção da punibilidade pelo pagamento anterior ao recebimento da denúncia foi reintroduzida em nosso ordenamento pelo art. 34 da Lei nº 9.249/95, segundo o qual:

"Extingue-se a punibilidade dos crimes definidos na Lei nº 8.137, de 17 de dezembro de 1990, e na Lei nº 4.729, de 14 de julho de 1965, quando o agente promover o pagamento do tributo ou contribuição social, inclusive acessórios, antes do recebimento da denúncia."

Apesar de o dispositivo mencionar expressa e somente os crimes das Leis 4.729/65 e 8.137/90, não há dúvida de que a causa de extinção da punibilidade também se aplica à omissão no recolhimento de contribuições previdenciárias. Isso porque a conduta na omissão no recolhimento de contribuições previdenciárias é em tudo e por tudo assemelhada àquela do delito previsto no inciso II do art. 2º da Lei nº 8.137/90. A diferença estaria no bem jurídico protegido. Enquanto a omissão no recolhimento dos tributos em geral afeta a ordem tributária, a omissão no recolhimento das contribuições ofende a seguridade social. Todavia, ainda que se vislumbre, por tal motivo, um maior desvalor no resultado deste, tenho que este não pode ser tamanho a ponto de afastar o favor legal para o agente acusado do crime em estudo. Essa conclusão mais se fortalece quando se observa que o artigo 34 da Lei nº 9.249/95 se aplica mesmo aos casos nos quais o agente se vale de meio fraudulento para suprimir ou reduzir tributo. Ora, não se pode aceitar que seja favorecido pela extinção da punibilidade o autor desse tipo de conduta, francamente mais ofensiva à consciência jurídica; enquanto não é alcançado o agente responsável pela mera omissão no recolhimento de contribuições descontadas dos empregados. Aliás, mais razoável seria que a extinção da punibilidade pelo pagamento alcançasse apenas os crimes previstos na alínea *d* do art. 95 da Lei nº 8.212/91 e inciso II do art. 2º da Lei nº 8.137/90, ficando excluída para os demais crimes contra a ordem tributária, porque praticados com fraude.

Além desse, outros argumentos podem ser levantados em favor da interpretação extensiva. É que o próprio artigo 14 da Lei nº 8.137/90 apenas mencionava a extinção da punibilidade dos crimes previstos em seus artigos 1º a 3º. Mesmo assim, o dispositivo continuou sendo aplicado para o não-recolhimento mesmo depois do advento da Lei nº 8.212/91. Por fim, veja-se que o prefalado artigo 34 menciona tributo ou contribuição social.

Por esses motivos, e não sendo vedada, em matéria penal, a analogia *in bonam partem*, deve ser aplicada a regra do artigo 34 da Lei nº 9.249/95 também ao crime de omissão no recolhimento de contribuição previdenciária. Assim já decidiu, a propósito, o próprio Supremo Tribunal Federal, em acórdão assim ementado:

"Penal. Processual penal. *Habeas corpus*. Não recolhimento de contribuições previdenciárias. Pagamento do débito antes do recebimento da denúncia. Aplicação do art. 34 da Lei n.9.249/95. Extinção da punibilidade. Trancamento da ação penal. *Habeas corpus*: Concessão de ofício. Leis 8.137/90, 8.212/91, 8.383/91 e 9.249/95. I - Aplicação do art. 34 da Lei 9.249/95, que determina a extinção da punibilidade dos crimes definidos na Lei 8.137/90, quando o agente promover o pagamento do débito antes do recebimento da denúncia." (HC nº 73418-9, Rel. Min. Carlos Velloso, Informativo STF nº 28, 2.5. 96).

No texto do voto vencedor se lê: "Se a conduta tipificada no art. 95, *d*, da Lei 8212/91 ('deixar de recolher, na época própria, contribuição ou outra importância devida a Seguridade Social e arrecadada dos segurados ou do público;') coincide essencialmente com a descrita no art. 2º, II, da Lei 8.137/90 ('deixar de recolher, no prazo legal, valor de tributo ou de contribuição social, descontado ou cobrado na qualidade de sujeito passivo de obrigação e que deveria recolher aos cofres públicos'), tem-se como aplicável a réu processado com fundamento no primeiro dispositivo o benefício previsto no art. 34 da Lei 9.249/95 ('Extingue-se a punibilidade dos crimes definidos na Lei 8.137, de 27 de dezembro de 1990, ..., quando o agente promover o pagamento do tributo ou contribuição social, inclusive acessórios, antes do recebimento da denúncia.')"

Nos termos do parágrafo único do artigo 2º do Código Penal, o artigo 34 da Lei nº 9.249/95 aplica-se inclusive aos fatos ocorridos antes de sua entrada em vigor. Como o próprio texto indica, o pagamento deverá abranger a totalidade do débito, incluindo juros e correção monetária, sob pena de não ser alcançado o efeito aludido. O STF, no julgamento do HC 77.151-3/SP, Rel. Min. Sydney Sanches, 1ª T., un., DJU 18.7.98, p. 6, decidiu que a falta de cobertura da correção monetária, acessório do principal, não equivale a pagamento integral do débito e portanto não acarreta extinção da punibilidade.

Do mesmo modo, não acarretam a extinção da punibilidade, por não guardarem identidade com o pagamento previsto no art. 34 da Lei nº 9.249/95: a) "o oferecimento de TDAs (Títulos da Dívida Agrária) em garantia do valor lançado antes do recebimento da denúncia, (...) uma vez que não constitui pagamento." (RHC nº 97.04.06981-2/SC, TRF da 4ª Região, 1ª T., un., j. 3.6.97); b) "o oferecimento de garantia nos autos de processo administrativo fiscal" (TRF 4ª R., RHC nº 97.04.06980-4/SC, Rel. Juiz Jardim de Camargo, 2ª T., un., DJU 30.7.97, p. 57756); c) "pretensão de parcelar débito em juízo e com isto obter extinção da punibilidade" (TRF 4ª R., HC nº 97.04.47774-0/SC, Rel. Vladimir Freitas, 1ª T., un., DJU 22.10.97, p. 88.272); e) "a simples penhora, entendida como apreensão judicial dos bens para oportuna satisfação do credor" (STJ, RHC nº 7.702/SC, Rel. Min. Fernando Gonçalves, 6ª T, un., DJU 8.9.98, p. 119.); f) "o depósito judicial efetuado junto a ação que visa desconstituir o crédito tributário, mesmo realizado antes do recebimento da denúncia, (...), porque não representa intenção séria de pagamento; pelo contrário, significa intenção de não-pagamento, porque a ação judicial visa profligar o débito fiscal." (TRF da 4ª R., HC nº 1999.04.01.013351-0/PR, Rel. Juiz Jardim de Camargo, 2ª T., un., DJU 2.6.99, p. 568).

2.16.8.2. Parcelamento

É majoritária a corrente jurisprudencial que estende a extinção da punibilidade também para o caso de parcelamento, seja ao argumento de que *parcelar* equivale a *promover o pagamento*, seja porque o parcelamento implicaria novação. Exemplo desse entendimento é o julgamento consubstanciado na ementa que segue:

"Penal. Falta de recolhimento de contribuições previdenciárias. Extinção da punibilidade. Delito referente a período anterior à Lei 8.212, cujo parcelamento, que se constitui em forma válida de promover o pagamento (STJ - RHC nº 3.973-6-RS, DJU 15.05.95, p. 13.446; HC nº 2.538-9/RS, DJU 90.05.94, p. 10.883; STF - Inquérito nº 763-3 DF, Rel. Min. Carlos Velloso, DJU 03.11.94, p. 29.732), submete-se à Lei 8.137/90, por ultratividade. Recurso provido. Ordem concedida." (Recurso Criminal nº 94.04.02628-0-PR, Rel. Juiz Volkmer de Castilho, 1ª T., DJU 3.4.96, p. 21.323).

Com a devida vênia, discordo dessa orientação, pois o parcelamento, sob o nome de moratória, é qualificado como mera causa de suspensão da exigibilidade do crédito tributário (CTN, art. 151, I) e não de sua extinção, operada, por exemplo, pelo pagamento (CTN, art. 156). Assim é que, descumpridas as condições do parcelamento, será esse rescindido, remanescendo o crédito tributário, que estava suspenso, com todos seus privilégios. Daí por que não se pode falar, no caso, em novação.

Não é outra a posição de Fábio Bittencourt da Rosa:

"Apesar de algumas decisões do Egrégio Superior Tribunal de Justiça, no sentido de que parcelar caracteriza promover o pagamento, deve-se entender que a norma penal em branco se completa com o conceito de pagamento inserta no Código Tributário nacional. Segundo a lei tributária, pagamento constitui forma de extinção do crédito tributário, sendo o parcelamento da dívida simples moratória individual, que não extingue o crédito. Se com a prova do parcelamento se viabilizasse a extinção da pena, isso importaria a extinção do processo penal. A hipótese daria oportunidade a que o devedor parcelasse a dívida em inúmeras prestações, e que a mera satisfação de poucas importasse o benefício penal. Por certo, não foi essa a intenção do legislador."[117]

Deste modo já decidiu, diga-se, o próprio Supremo Tribunal Federal, em sua composição plenária, em acórdão assim ementado:

"Ementa: - Inquérito. A ocorrência do fato imputado ao indiciado se deu quando estava em vigor o artigo 14 da Lei 8.137/90. Interpretação estrita desse dispositivo legal. - Se o artigo 14 da Lei 8.137/90 exige, para a extinção da punibilidade, o pagamento do débito antes do recebimento da denúncia, essa extinção só poderá ser decretada se o débito em causa for integralmente extinto pela sua satisfação, o que não ocorre antes de solvida a última parcela do pagamento fracionado. Assim, enquanto não extinto integralmente o débito pelo seu pagamento, não ocorre a causa de extinção da punibilidade em exame, podendo, portanto, se for o caso, ser recebida a denúncia. Não-decretação da extinção da punibilidade." (Inquérito nº 1028/6-RS, Rel. Min. Moreira Alves)

Recentemente, o STJ vem modificando seu entendimento para acompanhar a Corte Suprema e admitir a extinção da punibilidade apenas com o pagamento integral. É exemplo o julgamento do HC nº 7.231/DF, Rel. Min. Luiz Vicente Cernicchiaro, 6ª T, m., DJU 17.2.99.

Em caso de parcelamento, cabe noticiar interessante decisão do Tribunal Regional Federal da 2ª Região, que inclinou-se pela "(...) Suspensão da instância, com preservação da relação jurídico-processual, em face de questão prejudicial civil eis que tendo havido confissão,

---

[117] Art. loc. cit., p. 251. No mesmo sentido: Ney de Barros Bello Filho, art. cit., pp. 491-2 e Ieda Maria Andrade Lima, A extinção da Punibilidade e o Parcelamento do Tributo, *Revista da Procuradoria-Geral da República*, 7/112-5.

parcelamento e início de pagamento da dívida, torna-se necessário que se aguarde a quitação final, para poder ter lugar a aplicação plena do art. 14 da Lei Nr. 8.137/90, com a eventual extinção da punibilidade." (*Habeas Corpus* nº 92.02.08692/ES, 2ª Turma, DJU 31.8.93). Idêntica linha de entendimento foi adotada pelo TRF da 4ª Região em hipótese na qual o prazo total para pagamento das prestações faltantes do parcelamento não superava o prazo para prescrição da pretensão punitiva, aduzindo que " nenhum prejuízo à acusação daí advirá, permanecendo íntegra a pretensão punitiva do Estado, uma vez que o *Parquet*, a qualquer momento, acaso descumprido o acordo, poderá retomar o curso da ação penal." (HC nº 97.04.43963-6/RS, TRF da 4ª Região, 2ª T., rel. Juíza Tania Escobar, un., j. 4.9.97)

Essa solução, além de não encontrar amparo na lei, tem o grave inconveniente de permitir seja alcançada a prescrição enquanto o processo se encontra suspenso, especialmente se considerada eventual prescrição pela pena concretizada na sentença. Isso ocorrerá, a não ser que se entenda suspenso o curso da prescrição penal por aplicação do inciso I do artigo 116 do Código Penal. Tenho porém, que isso não ocorre. Em primeiro lugar, porque não existe outro *processo* judicial, mas mero expediente administrativo relativo ao parcelamento. Em segundo lugar, porque não está em jogo a *existência do crime*, mas sim a concretização, por interpretação analógica, de uma causa de extinção da punibilidade.

Se o pedido de parcelamento foi formulado antes do recebimento da denúncia, mas este não chegou a ser formalizado, não há que falar em extinção da punibilidade. A circunstância será considerada, porém, no momento da aplicação da pena.

Ressalto, por fim, que o parcelamento da contribuição do empregado, cujo não-recolhimento configura o delito, é, em regra, proibido pelo § 1º do artigo 38 da Lei nº 8.212/91. Mais que isso, a existência de débito em relação às contribuições do empregado é impeditiva ao parcelamento da contribuição da empresa, de acordo com o § 2º do artigo citado. Excepcionalmente, porém, o parcelamento das contribuições do empregado é permitido, como ocorreu em virtude do artigo 12 da Lei nº 8.620, de 15 de janeiro de 1993; dos artigos 15 e 16 da Lei nº 8.870, de 15 de abril de 1994; do art. 26 da Lei nº 9.317, de 15 de dezembro de 1996, que instituiu o SIMPLES; e do § 6º do art. 7º da Lei nº 9.639, de 25 de maio de 1998.

Em qualquer caso, o parcelamento não terá o efeito de extinguir a punibilidade no caso de inadimplemento (STJ, RHC nº 6.909-SP, Rel. Min. José Dantas, 5ª T., un., DJU 2.3.98, p. 123).

2.16.8.3. Medida Provisória nº 1.571-6

Uma dessas regras temporárias permissivas do parcelamento das contribuições arrecadadas dos empregados foi introduzida pela Medida Provisória nº 1571, a qual, em sua sexta reedição, de 25 de setembro de 1997, introduziu o seguinte comando:

"Art. 7º Até 31 de março de 1998, as dívidas oriundas de contribuições sociais da parte patronal até a competência março de 1997, incluídas ou não em notificação, poderão ser parceladas em até 96 meses, sem a restrição do § 5º do art. 38 da Lei nº 8.212, de 1991, com redução das importâncias devidas a título de multa moratória nos seguintes percentuais:
(...)
§ 7º As dívidas provenientes das contribuições descontadas dos empregados e da sub-rogação de que trata o inciso IV do art. 30 da Lei nº 8.212, de 1991, poderão ser parceladas em até dezoito meses, sem redução da multa prevista no *caput*, ficando suspensa a aplicação da alínea *d* do art. 95 da Lei nº 8.212, de 1991, enquanto se mantiverem adimplentes os beneficiários do parcelamento."

O dispositivo foi repetido por ocasião da sétima reedição da medida, em 23 de outubro de 1997, mas suprimido na oitava, de 20 de novembro de 1997, publicada no dia seguinte. Por fim, a Medida Provisória foi convertida na Lei nº 9.639, de 25 de maio de 1998, a qual, por seu artigo 12, convalidou os atos praticados com base nas sobreditas Medidas Provisórias. Dito, isso, à verificação dos efeitos daí decorrentes.[118]

O primeiro questionamento que poderia ser feito diz com a possibilidade ou não de medida provisória dispondo sobre matéria penal, o que entendo possível para favorecer o réu. Luiz Vicente Cernicchiaro admite a medida provisória em matéria penal, com a ressalva de que o texto somente será aplicável após a aprovação pelo Congresso Nacional.[119]

Tenho que a reserva legal em matéria penal é uma garantia do cidadão, nada impedindo que a medida provisória venha a favorecê-lo. Em sentido contrário, porém, a 1ª Turma do TRF da 4ª Região determinou "o prosseguimento da ação penal suspensa com base na MP nº 1.571-6/97, tendo em vista que, em observância ao princípio da legalidade estrita no direito penal, que impede incursões do Poder Executivo até para beneficiar o réu, não se aplica o § 6º do art. 7º da MP nº 1.571/97 aos delitos de omissão de recolhimento de contribuições previdenciárias, sendo que sua vigência foi temporária e não gera nenhum efeito." (RCrim nº 1998.04.01.018470-6/RS, Rel. Juiz Gilson Dipp, 1ª T., un., DJU 22.7.98, p. 403).[120]

Após a conversão da MP nº 1.571 na Lei nº 9.639/98, que convalidou os atos praticados com base nas medidas

---

[118] Sobre a matéria, ver o artigo Medida Provisória nº 1.571/97, art. 7º, § 7º, de Fábio Bittencourt da Rosa, Revista de Informação Legislativa, 35/161.

[119] CERNICCHIARO, Luiz Vicente. *Direito Penal na Constituição*, p. 49.

[120] Ver também julgamento do HC nº 97.04.70776-2/PR, Rel. Juiz Tadaaqui Hirose, 2ª T, un., DJU 28.5.98, p. 225.

provisórias antecedentes, ambas as Turmas modificaram o entendimento, como se vê nos parágrafos seguintes.

Passo, então, a verificar como dar aplicação ao novo dispositivo, cuja redação é sofrível como de hábito em se tratando de medidas provisórias.

Em primeiro lugar, cuidando-se de *novatio legis in mellius*, é induvidoso que a nova regra aplica-se aos fatos anteriores à sua entrada em vigor, ainda que já decididos por sentença condenatória transitada em julgado, nos estritos termos do parágrafo único do artigo 2º do Código Penal.

Assim, comprovado o parcelamento, o curso da ação penal será suspenso. Esta a determinação do TRF da 4ª Região no julgamento do Recurso Criminal em Sentido Estrito nº 1998.04.01.054956-3/RS, Rel. Juíza Tania Escobar, 2ª T., un., DJU 10.2.99, p. 151. No mesmo julgamento, determinou-se que, uma vez juntada a comprovação da quitação integral do débito, mediante pagamento de todas as parcelas, sobreviria decretação da extinção da punibilidade.

Apesar de entender que o parcelamento não possui o efeito de extinguir a punibilidade com fundamento no art. 34 da Lei nº 9.249/95, é inegável que assim será diante da nova medida, que é expressa a respeito. A regra determina a suspensão da aplicação da alínea *d* do artigo 95 da Lei nº 8.212, de 1991, enquanto se mantiverem adimplentes os beneficiários do parcelamento. A suspensão da aplicação da norma penal incriminadora, figura até aqui desconhecida, necessariamente se dará mediante suspensão da ação penal. Aliás, o dispositivo prevê a suspensão "enquanto se mantiverem adimplentes os beneficiários do parcelamento". Quer dizer, em caso de inadimplemento, o feito retomará seu curso.

Cumprido o parcelamento, o consectário lógico é a decretação da extinção da punibilidade, pois não se admitiria ficasse eternamente *suspensa* a aplicação da lei penal incriminadora. Embora a medida provisória não o diga, é inevitável concluir que o pagamento do tributo, ainda que posterior ao recebimento da denúncia, também acarretará a decretação da extinção da punibilidade. Não se poderia negar ao pagamento integral o efeito reconhecido ao parcelamento integralmente cumprido, desde que esse pagamento seja feito até 20 de novembro de 1997 - dia anterior ao da publicação da oitava reedição da medida provisória - e se refira a contribuições até a competência março de 1997 - limite imposto pelo texto. Nesse sentido:

> "A Lei nº 9.639/98, que convalidou todos os atos praticados com base na MP nº 1.571, em todas as suas reedições, não pode ter outro sentido senão o de tornar definitiva a suspensão da alínea *d* do art. 95 da Lei nº 8.212/91, em favor dos que, havendo incorrido naquele dispositivo penal, cumpriram fielmente o parcelamento do débito. E, se o simples parcelamento basta para suspender a criminalização do fato, com muito mais razão o pagamento integral da dívida, mesmo posterior à denúncia, mas dentro do período atingido pelas medidas provisórias que concederam o favor, há também de implicar, para todos os efeitos práticos, a extinção da respectiva punibilidade. Fere o bom senso imaginar que o parcelamento, que é menos, possa produzir resultados mais favoráveis do que o pagamento completo do débito, que efetivamente é mais." (Embargos de Declaração em Ap. Crim. nº 96.04.53492-0/SC, Rel. Juiz Amir José Finocchiaro Sarti, 1ª T., un., DJU 23.9.98, p. 508)

Note-se que o § 7º, ao contrário do art. 34 da Lei nº 9.249/95, não exige que o parcelamento se dê em momento anterior ao oferecimento da denúncia ou mesmo da publicação da sentença. Os limites impostos para a aplicação da nova regra são apenas aqueles nela contidos, a saber: a) o requerimento de parcelamento deve ter sido protocolado até 20 de novembro de 1997; b) somente poderão ser parceladas dívidas decorrentes de contribuições até a competência março de 1997. Neste sentido o precedente que segue, do TRF da 4ª Região:

"Processo penal. Não-recolhimento de contribuições previdenciárias. Parcelamento iniciado após o recebimento da denúncia. MP nº 1.571-7/97: Disposições convalidadas pelo art. 12 da Lei 9.639/98, c/c art. 2º, par. único do Código Penal e o art. 5, XL da Constituição Federal.
1. O parcelamento do débito previdenciário noticiado nos autos, é prova consistente em favor dos réus a demonstrar sua intenção em honrar os pagamentos devidos à título de contribuições previdenciárias.
2. Informa a política criminal do Estado moderno, que se deva criar situação que favoreça a liberdade do agente. Na dicção do art. 34, da Lei nº 9.249/95 ocorrerá a extinção da punibilidade pelo pagamento do tributo ou contribuição social, efetivada antes do recebimento da denúncia, não recepcionando a transação levado a efeito em momento posterior.
3. Contudo, tendo em vista as disposições do art. 7º, parágrafo 6º, da Medida Provisória nº 1.571-7/97, convalidadas pelo art. 12 da Lei nº 9.639/98, ampliando a abrangência das regras despenalizadoras pertinentes, acolhe-se *in bonam partem* a inteligência da lei, para suspender o processo, enquanto perdurar a adimplência.
4. Após o trânsito em julgado, os autos devem baixar à origem, aguardando em Secretaria a certidão do INSS, para os fins da extinção da punibilidade."(RSE nº 1998.04.01.060706-0/RS, Rel. Juíza Tania Escobar, 2ª T., un., DJU 20.4.99, p. 681)

Em suma, são as seguintes as conclusões acerca da medida provisória:

a) a regra é aplicável a todos os fatos anteriores à sua entrada em vigor, ainda que decididos por sentença transitada em julgado;

b) caso efetuado o parcelamento, ao tempo da vigência da medida, e independente da fase em que se encontrar a ação penal, deverá ser suspenso o curso do inquérito ou ação penal, até seu integral pagamento;

c) integralizado o pagamento, será decretada a extinção da punibilidade;

d) a quitação de dívidas oriundas de contribuições até a competência março de 1997, efetuada até 20 de novembro de 1997, terá o efeito de extinguir a punibilidade pelo delito previsto na alínea d do art. 95 da Lei nº 8.212, ainda que posterior ao recebimento da denúncia.

Nesta linha, decidiu a 1ª Turma do Tribunal Regional Federal da 4ª Região que "O art. 12 da Lei 9.639/98 convalidou os atos praticados sob a vigência das medidas provisórias editadas sob o número 1.571." e deste modo "Aplica-se o favor legal instituído a todos os que pagaram ou parcelaram seus débitos, até o advento da MP 1.571-8, que não reeditou o § 7º do art. 7º."[121]

2.16.8.4. Anistia

Na página 3 da Seção 1 do Diário Oficial da União do dia 26 de maio de 1998 foi publicada a Lei nº 9.639, de 25 de maio de 1998, cujo artigo 11 ostentava a seguinte redação:

"Art. 11. São anistiados os agentes políticos que tenham sido responsabilizados, sem que fosse atribuição legal sua, pela prática dos crimes previstos na alínea d do art. 95 da Lei n.º 8.212, de 1991, e no art. 86 da Lei n.º 3.807, de 26 de agosto de 1960.

---

[121] Questão de Ordem no Inq. Nº 97.04.11479-6/RS,Rel. Juiz Fábio Bittencourt da Rosa, 1ª T., un., DJU 13.1.99, p. 126.

Parágrafo único. São igualmente anistiados os demais responsabilizados pela prática dos crimes previstos na alínea d do art. 95 da Lei n.º 8.212, de 1991, e no art. 86 da Lei n.º 3.807, de 1960."

No dia seguinte, 27 de maio de 1998, a lei foi republicada, sem o parágrafo único acima transcrito, com a seguinte nota "(*) Republicada por ter saído com incorreção no D.O.U. de 26.5.98, Seção I."

Alega-se que o mencionado parágrafo único não teria sido aprovado no Congresso Nacional, mas figurou no texto remetido ao Presidente da República, firmado pelo Presidente do Senado Federal; o qual foi promulgado e publicado pelo Presidente da República.

Efetivamente, no texto do Projeto de Lei de Conversão nº 4, de 1998, publicado nas pp. 4.027 a 4.038 do Diário do Congresso Nacional - Sessão Conjunta, de 6 de maio de 1998, não figura o questionado parágrafo único.

Lança mais luz sobre o ocorrido o ofício SGM 220/98, de 16 de junho de 1998, firmado pelo Secretário-Geral da Mesa do Senado e dirigido ao Consultor Jurídico do Ministério da Previdência e Assistência Social, com o seguinte texto:

"Com referência à Lei nº 9.639, de 25 de maio de 1998, informo a V. Sª. que o Plenário do Congresso Nacional, na sessão de 12-05-98, aprovou o Projeto de Lei de Conversão nº 4, de 1998, advindo da Medida Provisória nº 1.608-14, dele não constando o parágrafo único do art. 11.

Cabe esclarecer que, na sessão do dia 05-05-98, o Relator da matéria apresentou uma versão do mencionado projeto de lei de conversão com o dispositivo em questão. Entretanto, na sessão em que houve sua aprovação, o Relator apresentou novo texto do projeto de lei de conversão, sem o parágrafo único do art. 11, versão esta que veio a ser aprovada pelo Plenário.

No momento da confecção dos autógrafos a serem encaminhados à sanção do Senhor Presidente da República, por equívoco foi tomada como base a primeira versão constante do processo, ensejando a publicação da lei no Diário Oficial da União de 26-05-98, contendo o mencionado dispositivo. Constatado o equívoco, de imediato foi enviada mensagem ao Senhor Presidente da República comunicando o fato e ensejando a republicação da lei, o que veio a ocorrer no dia seguinte, ou seja 27-05-98."

A versão acima vem a ser confirmada pela Mensagem nº 37, de 26 de maio de 1998, firmada pelo Presidente do Congresso Nacional e dirigida ao Presidente da República, do seguinte teor:

"Participo a Vossa Excelência ter sido constatada inexatidão material nos autógrafos e na publicação da Lei nº 9.639, de 25 de maio de 1998, oriunda do Projeto de Lei de Conversão nº 4, de 1998 do Congresso Nacional, (...) para o que solicito sua republicação."

No Diário do Congresso Nacional, edição de 13 de maio de 1998, pp. 4128-37, lê-se que o Relator, Deputado José Luiz Clerot, ao prestar esclarecimentos ao plenário, assim se manifestou: "Além de anistiar os prefeitos, eu havia incluído um parágrafo que anistiava todos os acusados. Quero dizer, contudo, Sr. Presidente, que o retirei para atender, tão somente, no art. 11, os prefeitos, de acordo com a jurisprudência do Superior Tribunal de Justiça." A seguir, após feridos debates, o relator volta a se manifestar, esclarecendo que "Quanto ao art. 11, em que há um artigo e um parágrafo, o referido artigo fica restrito apenas ao *caput* do artigo que se refere aos agentes políticos, retirando-se o parágrafo único." Respondeu o Presidente do Congresso Nacional encarecendo a necessidade de encaminhamento da retificação por escrito. Segue a transcrição da retificação encaminhada pelo relator, na qual, surpreendentemente, menciona-se apenas a supressão dos parágrafos 6º, 8º e 9º do artigo 7º do Projeto, sem qualquer menção ao parágrafo único do artigo 11. Nesse estado - com o parágrafo único, portanto - é que o projeto é aprovado. Por fim, na votação da redação final, não figura o parágrafo.

Aclarados, tanto quanto possível, os fatos, resta determinar os efeitos daí decorrentes.

Em matéria de conflito de leis penais no tempo, vigoram os princípios da irretroatividade da lei mais severa e da retroatividade da lei penal mais benéfica, como deflui da leitura do inciso XL do artigo 5º da Constituição, pelo qual "a lei penal não retroagirá, salvo para beneficiar o réu". O dispositivo constitucional é explicitado pelo parágrafo único do art. 2º do Código Penal, assim redigido: "A lei posterior, que de qualquer modo favorecer o agente, aplica-se aos fatos anteriores, ainda que não decididos por sentença condenatória transitada em julgado."

Como expressamente estabelece o § 4º do artigo 1º da Lei de Introdução ao Código Civil "As correções a texto de lei já em vigor consideram-se lei nova." Quer dizer, a republicação ocorrida em 27 de maio é lei nova e como tal não pode retroagir (CF, art. 5º LX). Isso porque:

"A Lei de introdução é uma *lex legum,* ou seja, um conjunto de normas sobre normas, constituindo um direito sobre o direito ('ein Recht der Rechtsordnung', 'Recht über Recht', 'surdroit', 'jus supra jura'), um super direito coordenador do direito. Não rege as relações de vida, mas sim as normas, uma vez que indica como interpretá-las ou aplicá-las, determinando-lhes a vigência e eficácia, suas dimensões espácio-temporais, assinalando suas projeções nas situações conflitivas de ordenamentos jurídicos nacionais e alienígenas, evidenciando os respectivos elementos de conexão. Como se vê engloba não só o direito civil, mas também os diversos ramos do direito privado e público, notadamente a seara do Direito Internacional Privado; é uma norma cogente brasileira, por determinação legislativa da soberania nacional, aplicável a todas as leis."[122]

O artigo 14 da Lei nº 9.639 estabeleceu a vigência na data de sua publicação, independentemente de *vacatio legis*. Deste modo, o parágrafo único, tal como publicado no dia 26 de maio, esteve em vigor, e a lei de anistia incidiu.

Tudo a se resumir no seguinte: o dispositivo que continha a anistia esteve em vigor no dia 26 de maio, aplicando-se a todos os fatos até ali ocorridos. A republicação sem o parágrafo único do artigo 11, levada a efeito no dia seguinte, é considerada lei nova, não podendo retroagir, de modo que restaram anistiados todos os fatos ocorridos até 26 de maio de 1998.

Impõe-se tanto a pecha de inconstitucionalidade formal, quanto a de ato inexistente, à Lei nº 9.639 (DOU 26/05/98), a qual, uma vez autografada na forma regimental e, após sancionada e promulgada pelo Presidente da República, foi publicada pela Imprensa Oficial. A caracterização da invalidade ou inexistência, assim como a natureza do "equívoco" que alcançou a fase de publicação, dizem com as conseqüências jurídicas que se podem extrair, ou seja, se houve ou não a anistia por um dia.

Antes, convém afastar-se a alegação de inconstitucionalidade, ou seja, de que o procedimento "equivocado" adotado pela Mesa do Congresso fere a Constituição Federal. Na verdade, a matéria encontra-se disciplinada na Resolução do Congresso Nacional nº 1, de 1989 (alterada pela de nº 2/89-CN), que "dispõe sobre a apreciação, pelo Congresso Nacional, das Medidas Pro-

---

[122] DINIZ, Maria Helena. *Lei de Introdução ao Código Civil Brasileiro Interpretada*. 2ª ed. São Paulo, Saraiva, 1996, p. 4.

visórias a que se refere o art. 62 da Constituição Federal" e, em seu artigo 18, determina que: "Sendo a Medida Provisória aprovada, sem alteração de mérito, será o texto encaminhado em autógrafos ao Presidente da República para publicação como lei".

A falha procedimental consistiu no encaminhamento em autógrafos ao Presidente da República para sanção e publicação de texto diverso do aprovado. Ora, independentemente de culpa ou má-fé daquele encarregado da tarefa de colher os autógrafos dos membros da Mesa sobre que aqui não cabe indagar, feriu-se uma norma que tem *status* infraconstitucional aquela que disciplina o processo legislativo de conversão das medidas provisórias em leis e que se encontra arrolada entre as espécies legislativas constantes do artigo 59, VI, da Constituição Federal, e apenas indiretamente a Constituição. Então, admitido que o *sui generis* "equívoco" deu-se *interna corporis*, é impertinente a alegação de que se estaria atribuindo existência jurídica a acréscimo feito pelo Presidente da República no momento da sanção ou convertendo os funcionários da Imprensa Oficial em potenciais legisladores. No caso, o próprio Poder Legislativo deu causa ao evento, desconhecendo-se para tal tenha contribuído qualquer força externa a ele. Ressalte-se que a constatação do "equívoco" e o "imediato" envio de mensagem à Presidência da República, referidos no ofício e na certidão, ocorreram somente após a publicação, a qual deu-se quinze dias após a sessão de votação. Observe-se, também, que nem o artigo 11, nem o parágrafo, constavam do texto original da Medida Provisória nº 1608 (de 28/04/98); não obstante, ambos passaram pelo crivo do órgão sancionador. A par disso, encontravam-se devidamente autenticados, como se fiéis àquilo que foi aprovado, eis que provindos em autógrafos do Congresso Nacional.

Desta forma, o ato legislativo hostilizado chegou ao público dentro da mais absoluta normalidade, tendo percorrido todas as etapas regimentais. Não havia a menor possibilidade de alguém cogitar que, concluídas as fases de discussão e a votação do projeto de lei de conversão sem vícios, na fase de formalização do processo legislativo e, digamos, certificação da autenticidade do projeto para envio à sanção mediante uma simples coleta de assinaturas, houvera a troca dos textos, com a autenticação do rejeitado, de forma que, do ponto de vista da aparência, aquele que chegou à Presidência da República não apresentava qualquer mácula, tanto que não foi vetado, embora dele constassem os acréscimos, que não faziam parte da Medida Provisória. De fato, formalmente, não é possível vislumbrar-se qualquer imperfeição. Aliás, dispõe o artigo 18 da Lei Complementar nº 95, de 26 de fevereiro de 1998, que "Dispõe sobre a elaboração, a redação, a alteração e a consolidação das leis", que "Eventual inexatidão formal de norma elaborada mediante processo legislativo regular não constitui escusa válida para o seu descumprimento."

Quanto à natureza da infringência da norma que disciplina o processo legislativo (a Resolução nº 1/89-CN), importa verificar a procedência da alegação de inexistência jurídica, pois se, diferentemente, considerarem-se inválidos os atos jurídicos, estes serão declarados nulos ou anuláveis, eis que se trata de norma cogente. Segundo Marcos Bernardes de Mello, "as normas jurídicas cogentes podem ter, quando infringidas, a conseqüência de tornar não-válidos os atos jurídicos, declarando-os *nulos* ou *anuláveis*. As primeiras poderíamos denominar normas jurídicas *nulificantes*, e as *outras*, *anulantes*. Essas normas jurídicas não excluem, nem atingem, a existência do fato jurídico em si, mas alcançam a sua validade, tornando deficiente o seu suporte fáctico; quer dizer, o fato jurídico não tem sua juridicidade pré-excluída portanto, entra no mundo jurídico nem tampouco é desjuridicizado. O ato jurídico existe, porém, nulo ou anulável".[123]

A par disso, cumpre trazer-se à colação a lição de José Frederico Marques, *verbis*: "A anistia é verdadeira revogação parcial, *hic et nunc*, da lei penal. Por isso é que compete ao Poder Legislativo a sua concessão. Lei penal ela o é, por conseguinte: daí não a poder revogar o Legislativo, depois de tê-la promulgado, porque o veda o artigo 141, §§ 3º e 29".[124] A lição do mestre permanece atual e encontra sustentação na ordem jurídica vigente: a Constituição Federal dispõe em seu artigo 5º, inciso XL, que "a lei penal não retroagirá, salvo para beneficiar o réu", e o Código Penal, no seu artigo 2º, parágrafo único, que: "a lei posterior, que de qualquer modo favorecer o agente, aplica-se aos fatos anteriores, ainda que decididos por sentença condenatória transitada em julgado".

A publicação, enquanto fase de comunicação do processo legislativo, "envolve presunção *juris et de jure* de conhecimento"[125] da lei. Com efeito, a publicação da lei torna-a obrigatória, *erga omnes*, e a promulgação que a precedeu "gera presunção *juris tantum* de que o ordenamento jurídico foi inovado por uma lei válida, executória e potencialmente obrigatória".[126]

Tratando também da executoriedade da lei, mediante promulgação, Eduardo Espínola e Eduardo Espínola Filho[127] trazem à colação a lição de Saverio Bianchi, que se transcreve por oportuna: "a fim de que os cidadãos, os magistrados, os funcionários e os agentes públicos sejam obrigados a observar, aplicar e fazer cumprir um

---

[123] MELLO, Marcos Bernardes de. *Teoria do Fato Jurídico*, São Paulo, Saraiva, 1991. 4 ed., p. 72.
[124] MARQUES, José Frederico. *Tratado de Direito Penal*, vol. III. São Paulo, Saraiva, 1966. 2ª ed., p. 423.
[125] BATALHA, Wilson de Souza Campos. *op. cit.*, p. 22.
[126] PRUDENTE, Antônio Souza. "Processo Legislativo", Cartilha Jurídica nº 14 - TRF da 1ª Região, Jan/93, p. 17.
[127] *op. cit.*, p. 35.

determinado preceito, como lei, é indispensável que a existência desta seja atestada por uma autoridade, a que a Constituição do Estado atribua tal função, em forma que a ninguém seja mais lícito contestar, nem pôr em dúvida, a existência e a eficácia jurídica de tal preceito". Mais adiante, ponderam os mesmos autores que "existente, como preceito jurídico, depois de *sancionada*, ou suprida a *sanção*, a lei, que a promulgação tornou executória, adquire, com a publicação, nitidamente distinta da *promulgação*, a sua *obrigatoriedade*".

Há que se questionar, neste momento, não a probidade do servidor da Imprensa Oficial, que não tem poder nem oportunidade de levar à publicação qualquer texto sem origem certa, ao contrário do que supõe o Ministério Público Federal, mas o valor que o Parlamento Brasileiro atribui aos seus próprios atos considerando-se que a Mesa age em nome de todos os congressistas. Ora, autenticar e enviar ao Chefe do Poder Executivo, para sanção, promulgação e publicação, um projeto de lei que não foi aprovado pelos congressistas, num país que adota o sistema romano-germânico, lastreado na legislação, e depois, singelamente, certificar que foi um "equívoco" apenas e pretender que, republicando, tudo ficará como antes, significa colocar-se numa posição acima do próprio ordenamento jurídico, o que não é aceitável, no Estado Democrático de Direito, que pressupõe subordinação de todos, inclusive dos poderes do Estado, às leis (*lato sensu*). O Estado tem, inexoravelmente, o dever de ser diligente e responsável em seus atos, seja para criar, seja para extinguir crimes, e a presunção é de que tenha sido assim, no caso da anistia introduzida pela Lei nº 9.639/98.

Em matéria penal, a certeza e a segurança jurídicas são por demais caras, e a preservação do valor liberdade encontra assento constitucional, de forma que não se há de aceitar a alegação de vício no processo legislativo para recusar a aplicação da norma que instituiu a anistia dos "demais responsabilizados pela prática dos crimes previstos na alínea *d* do art. 95 da Lei nº 8.212, de 1991, e no art. 86 da Lei nº 3.807, de 1960".

Comparando-se a lei (geral e abstrata) e a sentença (lei do caso concreto), verifica-se que a revogação de uma ou a rescisão de outra, com a supervalorização dos aspectos formais do processo (legislativo ou judicial) não se admitem *pro societate*. Ou seja, pela mesma razão que não se admite revisão criminal *pro societate*, que representaria usar os mecanismos processuais penais previstos para rescindir a coisa julgada em detrimento da posição obtida pelo acusado na ação finda e em prol do Estado que não foi diligente na aplicação da lei penal, também não se admite a declaração incidental de inconstitucionalidade formal de uma lei que foi sancionada, promulgada e publicada com aparência de regularidade, se os legitimados para fazê-lo diretamente (Presidente da República, Mesa do Senado Federal, Mesa da Câmara dos Deputados, *ex vi* do artigo 103, I, II, III, da Constituição Federal) não o fizeram, embora, supõe-se, tendo todo o interesse e dispondo da facilidade de obter os elementos necessários à comprovação dos fatos *ab initio*.

Em vez de usar os mecanismos oferecidos pelo sistema para o questionamento da própria validade da lei diante da Constituição embora para alguns a questão diga com a própria existência desta, preferiu o mesmo legislador a fórmula lacônica do "(*) Republicada por ter saído com incorreção no D.O.U. de 26.05.98, Seção I", também prevista no sistema, o que traduz uma opção deste pela sistemática prevista na Lei de Introdução ao Código Civil, que é o diploma legal que rege a matéria de forma específica e direta. Entretanto, a opção pela revogação pura e simples, mediante republicação, traz a conseqüência jurídica conhecida dos operadores do direito, qual seja, a de que a republicação produz efeitos jurídicos de lei nova, que revoga a anterior, mas não retira os efeitos por esta produzidos durante a sua vigência.

Mesmo admitindo-se que à displicência do legislador soma-se a indiferença dos legitimados a uma ação direta de inconstitucionalidade, as medidas adotadas estão a indicar que, entre duas soluções possíveis, no uso do poder discricionário que o ordenamento pátrio confere aos congressistas, estes não entenderam ser conveniente, nem oportuno obter diretamente a declaração de inconstitucionalidade formal - a qual, entretanto, entendemos não ter cabimento, pelas razões já expostas - do parágrafo único do artigo 11, da Lei nº 9.639/98. E uma vez feita a opção pela republicação da lei e revogação da anterior, retirou-se a possibilidade de apreciação pelo Supremo Tribunal Federal, pela via direta, acerca da constitucionalidade da primeira, diante do entendimento da Corte de que somente pela via difusa se pode questionar a constitucionalidade de lei revogada. Em tal contexto, não poderia o Juiz criminal negar a vigência por um dia da norma.

A Constituição assegura à sociedade e aos indivíduos que "ninguém será obrigado a fazer ou deixar de fazer alguma coisa senão em virtude de lei". Conclui-se: porque somente uma lei formal e materialmente conforme com a Constituição pode-se impor aos "súditos". É uma exigência limitadora do amplo poder de que goza o Estado. Tanto que o princípio da legalidade localiza-se no Capítulo dos Direitos e Deveres Individuais e Coletivos, razão por que não pode ser interpretado nem valorado da mesma forma quando se trata de devolver ao Estado a disposição sobre a liberdade do indivíduo e quando se trata de preservá-la. Esta, também localizada no artigo 5º da Constituição Federal, é bem jurídico de maior relevância do que o direito do Estado de exercer o *jus puniendi*, devendo prevalecer sobre este, sempre que couber a ponderação de um e outro.

O sistema jurídico-penal não prestigia o aspecto formal do processo legislativo em detrimento do direito substancial posto em jogo. Diferentemente dos outros ramos do Direito - em que grassam as declarações de inconstitucionalidade e se atribuem efeitos *ex tunc* para desonerar, por exemplo, os contribuintes do pagamento de determinado tributo -, na esfera penal a alegação de erro causado por um dos Poderes do Estado não pode ser acolhida em detrimento do direito também constitucionalmente assegurado ao acusado de que a lei penal não retroagirá em seu prejuízo.

De outro lado, tenho que não se trata de erro material, assim entendido aquele sobre o qual não houve manifestação de vontade do órgão donde emanou o ato. Erro material é o erro meramente tipográfico, tais como a mera inversão numérica ou de rubrica do dispositivo. Erro material haveria, ainda, se o texto publicado fosse diverso daquele remetido pelo Congresso Nacional ao Presidente e por este sancionado, promulgado e publicado.

O processo legislativo é complexo, compreendendo as seguintes fases: iniciativa, emendas, discussão, votação, sanção ou veto, promulgação e publicação. No caso, o parágrafo em questão não foi, efetivamente, votado no Congresso Nacional. Todavia, por equívoco, foi sancionado, promulgado e publicado pelo Presidente da República. Vale dizer, o Presidente da República, ao integrar o processo legislativo, na parte que lhe é constitucionalmente reservada, lançou manifestação de vontade no sentido da concessão da anistia, sobre os autógrafos encaminhados pelo Congresso Nacional, com o parágrafo. Essa circunstância afasta a característica do erro material, que é a falta da manifestação de vontade do órgão executor do ato. Repito, erro material haveria se o texto publicado fosse diverso daquele remetido pelo Congresso Nacional, sancionado, promulgado e publicado pelo Presidente da República, o que não ocorreu.

Sobre a distinção entre erro material e substancial, elucidativos os excertos a seguir:

"O juiz poderá corrigir *ex autorictate*, observando os critérios do processo interpretativo, ao aplicar a lei, o erro evidente nela contido, não sanado pelo legislador, mas os substanciais que envolvam mudança de sentido normativo ou que pretendam eliminar lacunas, por ter havido publicação não integral ou inexata, por faltar texto, requerem nova publicação da lei. O erro evidente (AJ, 61:59; RT, 134:237) com que a lei foi publicada poderá ser sanado pelo órgão judicante, por consistir em falhas ortográficas ou meros erros materiais, ante o princípio *scire leges hoc non est verba earum senere, sed vim ac potestatem* (Celso, D, I, 3, 17). Observa a respeito Ferrara que, 'quando se trata de simples erros materiais que à primeira vista aparecem como incorreções tipográficas, ou porque a palavra inserida no texto não faz sentido ou tem um significado absolutamente estranho ao pensamento que o texto exprime enquanto a palavra, que foneticamente se lhe assemelha, se encastra exatamente na conexão lógica do discurso, ou porque estamos em face de omissões ou transposições, é fácil integrar ou corrigir pelo contexto da proposição, deve admitir-se que o juiz pode exercer a sua crítica, chegando, na aplicação da lei, até a emendar-lhe o texto. Se pelo contrário a solução tem de ser outra quando se trata de mudanças ou adjunções de palavras ou frases que importam uma substancial divergência de pensamento, ou determinam equívoco sobre o sentido da lei, tornando possíveis sentidos diferentes da vontade legal', o juiz não poderá proceder a qualquer entendimento."[128]

---

[128] DINIZ, Maria Helena. *Lei de Introdução ao Código Civil Brasileiro Interpretada*. 2ª ed. São Paulo, Saraiva, 1996, pp. 57-8.

"Nos termos dos §§ 3º e 4º do art. 1º da Lei de Introdução ao Código Civil, se, antes de entrar a lei em vigor, ocorrer nova publicação de seu texto, destinada a correção, o prazo começará a correr da nova publicação: as correções a texto de lei já em vigor consideram-se lei nova. As correções a que se referem os parágrafos não são as simples correções de erros puramente materiais, palpáveis, que não deixem dúvidas, mas as correções que envolvam mudança de sentido do preceito, ou preenchimento de lacunas dos textos."[129]

"Claro está que, se a modificação for de tal natureza que influa sobre a disposição, nas suas partes fundamentais, não se poderá ter em conta a primeira publicação para início da *vacatio legis*, como se disse no texto. Mas, ainda nesses casos, cumpre respeitar o direito adquirido, o fato consumado e o caso julgado. Por outro lado, se forem erros tipográficos, de fácil percepção, ou erros que não sejam obstáculos à inteligência honesta dos dispositivos legais, semelhantes erros ou falhas não aproveitarão a quem quer que os invoque em apoio de alguma pretensão. Erros e falhas dessa natureza não impedem que o prazo da *vacatio legis* decorra da data da publicação errada. Observa Paulo De Lacerda que, em geral, não se pode dizer de boa-fé a aquisição de um direito, com fundamento em texto publicado de lei, contendo erro ou falta, tão claros, tão grosseiros que firam a atenção regular que de todos deve merecer a leitura da lei."[130]

Em se cuidando de erro substancial, como no caso, aplica-se o precitado § 4º do artigo 1º da Lei de Introdu-

---

[129] BATALHA, Wilson de Souza Campos. *Direito Intertemporal*, Rio de Janeiro, Forense, 1980, p. 24.

[130] ESPÍNOLA, Eduardo e ESPÍNOLA FILHO, Eduardo. *A Lei de Introdução ao Código Civil Brasileiro*, Rio de Janeiro, Renovar, 1995, p. 51.

ção. Neste caso, o texto publicado entra em vigor, apesar do erro, devendo ser respeitados os direitos daí decorrentes. Nesse sentido transcrevo os excertos que seguem:

"Respeitar-se-ão os direitos e deveres decorrentes de norma publicada com incorreções ainda não retificada. (...) Realmente, poderá ocorrer que surjam de uma publicação errônea relações jurídicas, constituindo direitos adquiridos, que deverão ser respeitados, apesar de a disposição devidamente corrigida ter o efeito de uma nova norma, considerando-se a boa-fé daquele que a aplicou."[131]

"Pode suceder que, baseadas na publicação infiel, tenham surgido relações jurídicas, constituindo direitos adquiridos; devem estes ser respeitados, produzindo a disposição corrigida o mesmo efeito de uma lei nova, levada em consideração a boa-fé do agente, impossibilitado de conhecer o erro. (...) Se, porém, publicada errada, a lei chegou a entrar em vigor, a correção que a ela, no seu todo, ou a algum dos seus dispositivos, se faça em nova publicação, é equiparada a uma lei nova, que ab-rogará, ou derrogará, nos pontos focalizados, a anterior, cuja obrigatoriedade, no interregno, se reconhece, portanto, com os efeitos, que acima salientamos."[132]

Nos termos do § 4º do artigo 1º da Lei de Introdução, as correções a texto de lei já em vigor consideram-se lei nova. Ora, o uso do termo correção implica admitir que houve uma publicação errônea. Se houve erro e a retificação é considerada lei nova, o dispositivo admite que o texto publicado, apesar do erro, existe e, apesar de inválido, entra em vigor. O fundamento da norma é a

---

[131] DINIZ, Maria Helena. *Lei de Introdução ao Código Civil Brasileiro Interpretada*. 2ª ed. São Paulo, Saraiva, 1996.

[132] ESPÍNOLA, Eduardo e ESPÍNOLA FILHO, Eduardo. *A Lei de Introdução ao Código Civil Brasileiro*, Rio de Janeiro, Renovar, 1995, p. 51.

presunção de validade e eficácia que promana da publicação. Em nome da segurança jurídica, o texto publicado, apesar do erro, existe e entra em vigor, devendo ser protegidos os direitos decorrentes dessa vigência, como já visto. Em geral, a aplicação dessa regra não traria maiores dificuldades, pois poucas seriam as situações jurídicas consolidadas no período de tempo que medear entre a publicação errônea e a retificação, que se presume seja, em regra, curto. No caso, porém, pela singularidade de se tratar de norma penal mais benéfica, os efeitos se dão sobre todos os fatos anteriores.

Alega-se, também, que mesmo revogado o parágrafo único, seria de ser aplicada a anistia, porque mantida em favor dos agentes políticos, como disposto no *caput* do dispositivo, uma vez que a anistia teria, necessariamente, cunho geral ou que a concessão apenas a determinados autores ofenderia o princípio da isonomia. A alegação não se sustenta.

A anistia é a mais ampla das formas de clemência soberana, mas nada impede seja limitada. Não há norma constitucional que impeça a sua limitação, o que também ocorre no indulto. Mesmo doutrinariamente, há autores que admitem a limitação, como segue:

> "Pode a anistia ser plena ou parcial, conforme se refira a todos os criminosos ou fatos, ou exclua alguns deles, notando-se, entretanto, que, em relação aos beneficiados, ela não é restrita."[133]

> "Poderá a anistia ser geral (ampla) ou parcial (restrita). Sendo geral, beneficia indistintamente todos os autores e se estende a todos os fatos. Sendo parcial, restringe seus efeitos a determinados autores, ou a certos crimes praticados."[134]

---

[133] NORONHA, Edgard Magalhães. *Direito Penal*, 12ª ed., São Paulo, Saraiva, 1975, p. 380.

[134] COSTA JÚNIOR, Paulo José da. *Comentários ao Código Penal*, 4ª ed., São Paulo, Saraiva, 1996, p. 321.

"A anistia costuma ser ampla, geral e irrestrita. Existem, também, contudo, anistia com efeito parcial e anistia 'sob condições'. São chamadas 'anistias restritas'. Nelas a lei limita o alcance do benefício."[135]

Não ocorreu, tampouco, a alegada ofensa ao princípio da isonomia, que não é ofendido a cada vez que lei estabelece requisitos para a obtenção de tal ou qual favor. Não pode haver, efetivamente, igualdade absoluta, de modo que cumpre tratar desigualmente os desiguais. O que se exige é que haja uma relação de coerência lógica entre o fator de discrímen adotado e o tratamento jurídico dispensado.[136]

No caso, o fator de discriminação eleito foi a circunstância de se tratar de agentes políticos que tenham sido processados sem que o recolhimento das contribuições fosse atribuição legal sua, o que é razoável e pertinente. Tanto é assim que a mesma lei introduziu o § 5º ao artigo 95 da Lei n.º 8.212 para estabelecer que "O agente político só pratica o crime previsto na alínea *d* do *caput* deste artigo, se tal recolhimento for atribuição legal sua." Demais disso, a jurisprudência francamente majoritária vinha entendendo atípica a prática do delito em questão por parte de agentes políticos.

O Tribunal Regional Federal da 4ª Região assim decidiu, aliás, no julgamento do RSE nº 1998.04.01.080131-8/RS, Rel. Juiz Jardim de Camargo, 2ª T., un, DJU 2.6.99, pp. 572-3.

Concluo, então, que o *caput* do art. 11 da Lei nº 9.639/98, apesar de mantido, não justifica a concessão de anistia irrestrita.

---

[135] ROSA, Antônio José Miguel Feu. *Direito Penal*, Parte Geral, São Paulo, RT, 1993, p. 546.

[136] Sobre a matéria, vale examinar a magistral monografia de CELSO ANTÔNIO BANDEIRA DE MELLO: *O Conteúdo Jurídico do Princípio da Igualdade*, São Paulo, RT, 1978.

De todo modo, a discussão encerrou-se com o pronunciamento do Supremo Tribunal Federal, intérprete máximo da Constituição, o qual considerou que o parágrafo único do art. 11, "incluído na publicação primitiva, não fora aprovado pelo Congresso Nacional quando da votação do projeto de lei, existindo apenas em decorrência da inexatidão material nos autógrafos encaminhados à sanção do Presidente da República, ficando evidente a sua invalidade, por inobservância do processo legislativo." Em conseqüência, a Corte Suprema considerou inconstitucional o parágrafo único do art. 11, no julgamento dos *habeas corpus* 77.724-SP e 77.734-SC, conforme publicado no Informativo STF nº 130, de 6 de novembro de 1998.

Conclusão

Como visto, a preocupação com o dia de amanhã nasceu com a própria humanidade. Um longo caminho foi percorrido desde as formas mais rudimentares de autoproteção, baseadas na poupança, passando pelo mutualismo e pelo assistencialismo, até que chegássemos à seguridade social, entendida como um sistema estatal e organizado, embasado na solidariedade, que proteja os cidadãos das contingências sociais. A Constituição de 1988 consagrou em suas páginas um sistema de seguridade social, integrando as ações relativas a previdência, assistência e saúde, acompanhada da universalização desses direitos sociais.

O atual momento histórico é marcado pela aparente inexistência de uma alternativa à política neoliberal, a qual, pelos efeitos que provoca, pouco parece ter de nova em relação ao liberalismo que lhe antecedeu. Prega-se a diminuição do Estado, com sua redução ao mínimo, como se a eficiência na prestação de serviços e produção de bens fosse uma exclusividade da iniciativa privada. Acentuam-se a desigualdade econômica e a concentração de renda, tanto na comparação entre países centrais e periféricos quanto entre as populações ricas e pobres de uns e outros. O supremo valor é o lucro, que deverá resultar na acumulação de riquezas, muitas vezes improdutivas. O homem passa ao segundo ou terceiro plano e a solidariedade fica reduzida a um princípio constitucional *de papel*, na terminologia de Ferdinand Lassalle.

Nesse quadro, um sistema previdenciário público e custeado pelo sistema de repartição passa a ser colocado em xeque. Em primeiro lugar, pesa-lhe o grave defeito de ser público e, portanto, necessariamente ineficiente, segundo os arautos da modernidade. Depois, é custeado pelo sistema de repartição, no qual todos contribuem para um fundo comum, subjazendo ao sistema um princípio de solidariedade, que vem caindo em desuso.

Apresenta-se como suposta solução do problema previdenciário, um sistema de previdência privada, preferencialmente baseado em contas individuais, no qual o benefício de cada contribuinte é determinado por suas próprias contribuições, que permanecem em conta vinculada, sem formar o fundo comum. Esse sistema, sobre ser privado, e portanto possibilitar lucros fabulosos a grandes companhias nacionais e estrangeiras, leva a um giro no fundamento do sistema, que do solidarismo passa a ser o individualismo. Será, porém, que a sofrida população brasileira terá capacidade de poupança para um tal sistema? Será que oferecerá ele a necessária segurança para um negócio jurídico que se prolongará no tempo por algumas décadas?

Digo tudo isso para afirmar a necessidade de manutenção do sistema público obrigatório e comum de previdência social, único que oferece ao cidadão a garantia de que não será espoliado em suas poupanças por companhias seguradoras inescrupulosas ou dirigidas de forma fraudulenta ou temerária. Nada impede que seja aberto e reforçado o mercado da previdência privada, desde que com a devida fiscalização. Para a grande e sofrida massa de trabalhadores de baixa renda, porém, não se espere que separem algo para o dia de amanhã. Não conseguirão fazê-lo pela singela razão de que sequer tem o suficiente para o dia de hoje.

O sistema atual merece reparos e precisa sofrer melhorias, o que é inerente a toda obra humana. Não existe instituição cultural que não mereça permanente crítica e aprimoramento. Existe uma "crise da previdência", fruto da informalização do mercado de trabalho, do envelhecimento da população, do desemprego estrutural, da crônica má-distribuição de renda, etc.

O sistema oferece prestações, custeadas por recursos e deve, necessariamente, manter algum equilíbrio econômico. Para a sobrevivência do sistema, as receitas devem igualar as despesas. Assim, para que se mantenha o equilíbrio, ou se cortam as despesas, ou seja, as prestações, ou se aumenta a arrecadação.

Algo pode ser feito no âmbito das prestações. A imposição de um limite mínimo de idade, medida polêmica, é necessária. A revisão dos critérios de concessão de pensões também seria de rigor, levando em conta a dependência econômica efetiva e não presumida. Não se pode esquecer a imposição de um teto para os proventos. As maiores distorções, porém, não estão no Regime Geral de Previdência Social, mas sim nos diversos regimes de servidores públicos, o que deve ser bem considerado no momento em que se fala em crise da seguridade social.

No âmbito da saúde, falar em limitação dos recursos soa criminoso diante do serviço a que é submetida a população pobre ao procurar o Sistema Único de Saúde. Neste ponto não há necessidade de ser descritivo, pois os fatos são notórios. As classes favorecidas lançam mão dos planos privados de saúde, mas nem todos têm condições de fazê-lo.

Na assistência, com a miséria existente, administram-se recursos limitados para atender a necessidades realmente infinitas apresentadas por crianças e adolescentes, idosos e deficientes físicos. Neste campo, muito é feito por entidades privadas de assistência social, mantidas pela caridade.

Em todos os ramos da seguridade social, pouco se pode fazer quanto ao corte do dispêndio de recursos. Ao contrário, os recursos existentes se revelam insuficientes para as necessidades.

Algo pode ser feito também em termos de melhoria da gestão, da administração e da distribuição dos recursos existentes.

É inevitável, porém, atacar a crise pelo aspecto do custeio, como decorrência da circunstância de que o sistema de seguridade social depende do custeio, depende de recursos para a manutenção de seus benefícios e serviços. Como o sistema é de caixa, os recursos devem provir de algum lugar, que necessariamente será a via tributária. Assim é que a apontada crise pode e deve ser combatida com o aumento da arrecadação, para devolver ou manter o necessário equilíbrio econômico do sistema.

É cediço que ninguém gosta de pagar tributos. No campo da seguridade social não é diferente. O segurado pretende contribuir com o menor valor possível ou, melhor ainda, não contribuir. Todos, porém, querem receber os benefícios. Deste modo, o sistema arrecadatório merece proteção, indubitavelmente. Segundo noticiado na imprensa nacional, o total das dívidas com a seguridade social ultrapassa a casa dos cinqüenta bilhões de reais.

Para isso há várias medidas possíveis. No aspecto administrativo, existem sanções pecuniárias, que vêm acompanhadas de várias outras, como as restrições à participação em certames públicos e proibição de distribuição de lucros (LCSS, art. 47). Na via judicial, o crédito tributário goza de privilégios para sua execução (Lei nº 6.830/80), tendo sido mais recentemente criadas a medida cautelar fiscal e a prisão civil do depositário infiel de valores pertencentes à fazenda pública (Lei nº 8.666/94). Diga-se, que todas estas medidas executivas não afastam a possibilidade da persecução criminal.

Nem se diga que o Fisco tem à sua disposição a execução fiscal ou sanções administrativas, como a proibição de contratar com órgãos públicos ou distribuir lucros, etc. As varas de execução fiscal estão abarrotadas de feitos nos quais nenhum bem foi encontrado ou a empresa não mais existe. Quanto às sanções administrativas, são ineficazes para aqueles que se valem de interpostas pessoas e até da criação de empresas-fantasma. Na realidade dos fatos, os credores privados são mais ágeis que o fisco na recuperação de seus créditos.

No específico aspecto que é objeto deste trabalho foi instituído, para os empregados e avulsos, bem como para os produtores rurais, um sistema de arrecadação embasado na substituição tributária, cometendo à fonte pagadora o dever de arrecadar as contribuições, descontando-a dos valores pagos aos segurados e procedendo posteriormente o recolhimento à seguridade social.

Tudo isso, porém, é insuficiente, o que justifica a criminalização das condutas que afetam o potencial arrecadador do sistema, como ocorre no Brasil desde 1937, bem como em vários outros países, como demonstrado. O delito de omissão no recolhimento de contribuições previdenciárias descontadas é, por esse prisma, legítimo do ponto de vista do bem jurídico que protege, a seguridade social, o qual está constitucionalmente consagrado e se reveste da maior importância para a sociedade, como um todo, especialmente no atual momento. Ora, se é razoável proteger-se o patrimônio particular,[137] com maior razão devem ser protegidos os interesses - inclusive patrimoniais - de arrecadação para a satisfação dos direitos coletivos referentes à saúde pública, previdência e assistência sociais. Aliás, a destinação dos recursos assim obtidos transcende ao mero

---

[137] Para Maria Lúcia Karam, "A seleção e definição de bens jurídicos e comportamentos com relevância penal se faz de maneira classista, fundamentalmente em defesa dos interesses daqueles que detêm as riquezas e o poder, pois são exatamente estes detentores das riquezas e do poder - as chamadas classes dominantes - que vão, em última análise, definir o que deve ou não ser punido, o que deve ou não ser criminalizado e em que intensidade." *De Crimes, Penas e Fantasias*, p. 75.

aspecto patrimonial, devendo ser visualizado na destinação final dos recursos, que são obtidos exatamente mediante tributos com destinação específica.

A condição dos autores do crime em questão é também algo que precisa ser enfrentado. Muitos dos agentes são micro ou pequenos empresários, às vezes premidos por dificuldades financeiras, o que deve ser considerado. Cuida-se, porém, de crime societário, com todas as dificuldades que esse dado provoca na determinação da autoria, que é pessoal, não se admitindo a responsabilização objetiva. A qualidade dos agentes não pode, porém, ser óbice à persecução criminal. A lei deve valer para todos, independentemente de condição social. O empresário que deixa de recolher os tributos arrecadados ou sonega concorre deslealmente com aquele que recolhe seus tributos corretamente e prejudica toda a sociedade, que precisa dos recursos assim auferidos.

Como adverte Luiz Flávio Gomes:

"Não é tarefa fácil enumerar todos os fatores que concorrem para a impunidade da criminalidade não convencional. Dentre tantos outros, poderíamos mencionar: a complexidade do mundo organizado e operacional de hoje, que está internacionalizado, a aparência de licitude dos fatos cometidos no campo empresarial, o deliberado anonimato e o distanciamento entre o autor e vítima, aquele detrás sempre de uma pessoa jurídica, a reação social de pouca intensidade a tais infrações, até porque não são delitos ostensivos como os clássicos delitos de roubo, furto, homicídio, etc.; a escassa visibilidade (*crime appeal*) e a carga de afetividade também dificultam a persecução penal; a imagem extremamente favorável do autor, que de um modo geral tem prestígio e influência e, ademais, tem a vantagem de que sua imagem está longe daquela lombrosiana, caracterizada por pessoas com 'cara de prontuário', que é a que o público reconhece facilmente; a organização para o cometimento da infração não é ostensiva, visível, pelo contrário, geralmente o principal beneficiado não toma parte formalmente da decisão criminosa, que é tomada por outras pessoas de hierarquia inferior na empresa; também auxilia a particular psicologia da vítima destes graves delitos, geralmente impotente e temerosa do poder da organização e totalmente incrédula a respeito da eficácia da Administração da Justiça."[138]

Impõe-se a modificação do benevolente critério com que tem sido tratados os agentes políticos autores de condutas lesivas à seguridade social. Com efeito, ao agente político, mais severa deveria ser a reprimenda.

Quanto ao sujeito passivo, sendo um órgão público, tem menos agilidade que o credor privado para fazer valer seus interesses, ao mesmo tempo em que atua em favor de toda a coletividade. Daí a necessidade de uma maior proteção. Os segurados, como visto, não são sujeitos passivos do delito na medida em que não sofrem prejuízo direto, no que diz com o cálculo de seus benefícios. Indiretamente, porém, são prejudicados pela falta do ingresso daqueles recursos.

A circunstância de o tipo não exigir, objetivamente, demonstração da efetiva arrecadação do dinheiro, tampouco de fraude ou desvio, também não o deslegitima. O mesmo vale para a desnecessidade da comprovação do ânimo de apropriação. Se assim fosse, despiciendo seria o tipo especial, podendo as condutas que se apresentassem com tais contornos subsumir-se na vetusta apropriação indébita. Nesse caso, a persecução criminal seria de mínima eficácia. O legislador ordinário, porém, no legítimo exercício de seu poder político, entendeu

---

[138] GOMES, Luiz Flávio. "Breves Considerações sobre a Impunidade da Criminalidade Não Convencional" *In: Direito Tributário Contemporâneo.*

que aquele valor antes aludido merecia uma proteção mais severa, daí criando o novo crime, omissivo e formal, revestido apenas do dolo, sem necessidade de elemento subjetivo especial.

Para os fatos de pequena monta, porém, é razoável o entendimento de que não ofendem materialmente o tipo penal. Esta medida teria o condão de retirar do campo da persecução criminal os pequenos empresários, resolvendo-se a questão na via administrativa.

Em virtude da construção do tipo, inevitável é a consideração, na espécie, da existência de dificuldades financeiras como fator impeditivo do recolhimento. Isso decorre da própria estrutura do tipo, que não requer posse anterior da coisa, demonstração do desvio ou *animus rem sibi habendi*. Se inadmitida a dificuldade financeira como exculpante, estaria consagrada a responsabilidade objetiva penal.

Como demonstrado ao longo do trabalho, não se cuida de criminalizar a dívida, mas sim de proteger um sistema arrecadatório que tem por objetivo exatamente garantir a consecução daqueles altos interesses coletivos. Bem por isso é que a arrecadação dos valores é cometida aos empregadores. Ausente a sanção, de nada adiantaria a existência da especial sistemática da arrecadação engendrada para carrear aos cofres da seguridade as contribuições dos segurados empregados, autônomos e produtores rurais.

O tipo penal tem, de fato, uma finalidade de proteção da arrecadação de recursos para a seguridade social, o que é, no entanto, repito, perfeitamente legítimo.

O ponto merecedor de crítica está no apenamento. É que, sendo a conduta objetivamente menos gravosa, a desproporcionalidade do apenamento ofende à consciência jurídica, levando os julgadores a um tratamento benevolente na matéria. O exagero da pena diante da escassa gravidade objetiva da conduta ofusca a intensidade do interesse protegido, que acaba por ficar menos protegido. Mais que isso, revela-se uma desproporção em relação a outros crimes de maior gravidade objetiva. Urge a reforma, para redução do apenamento a quantidade que permita a suspensão condicional do processo.

Não se esgrime, porém, com a pura e simples descriminação da conduta, como se fosse ela algo de somenos ou ilegítimo. A seguridade social, bem jurídico de interesse coletivo, de todos e de cada um dos cidadãos, é merecedora de severa proteção penal.

Bibliografia

ANDRADE FILHO, Edmar Oliveira. *Direito Penal Tributário: Crimes Contra a Ordem Tributária e Contra a Previdência Social*. 2. ed., São Paulo: Atlas, 1997.

BALERA, Wagner. *A Seguridade Social na Constituição de 1988*. São Paulo: RT, 1989.

BALTAZAR JUNIOR, José Paulo. *Aspectos Penais*. In: Direito Previdenciário: Aspectos Materiais, Processuais e Penais. Porto Alegre: Livraria do Advogado, 1998.

BATALHA, Wilson de Souza Campos. *Direito Intertemporal*, Rio de Janeiro: Forense, 1980.

BELLO FILHO, Ney de Barros. *"Anotações ao Crime de Não Recolhimento de Contribuições Previdenciárias"*. In: Revista dos Tribunais, São Paulo: RT, n. 732, p.471.

BELLUCCI, Fábio (Coord.). *"Do Crime Contra a Ordem Tributária Previsto no Art. 2º, II, da Lei Federal 8.137, de 27.12.90"*, In: Revista Brasileira de Ciências Criminais, São Paulo: RT, n. 6, 1994, p. 110.

BITENCOURT, Cezar Roberto. *Código Penal Anotado*. São Paulo: RT, 1997.

BRUNO, Aníbal. *Direito Penal*. 3. ed., Rio de Janeiro: Forense, 1967, Tomo 1.

CERNICCHIARO, Luiz Vicente; COSTA JUNIOR, Paulo José da. *Direito Penal na Constituição*. 3. ed., São Paulo: RT, 1995.

Clève, Clèmerson Merlin. *"Contribuições Previdenciárias. Não-recolhimento. Art. 95, d, da Lei 8.212/91. Inconstitucionalidade"*, In: Revista dos Tribunais, São Paulo: RT, n. 736, p. 503.

CONDE, Francisco Muñoz. *Derecho Penal: Parte Especial*. Valencia: Tirant lo Blanch, 1996.

CORRÊA, Antonio. *Dos Crimes Contra a Ordem Tributária: Comentários à Lei n. 8.137, de 27-12-90*. 2. ed., São Paulo: Saraiva, 1996.

COSTA JUNIOR, Paulo José da. *Comentários ao Código Penal*. 4. ed., São Paulo: Saraiva, 1996.

——; DENARI, Zelmo. *Infrações Tributárias e Delitos Fiscais*. 2. ed., São Paulo: Saraiva, 1996.

DAIBERT, Jefferson. *Direito Previdenciário e Acidentário do Trabalho Urbano*. Rio de Janeiro: Forense, 1978.

DECOMAIN, Pedro Roberto. *Crimes Contra a Ordem Tributária*. 3. ed., Florianópolis: Obra Jurídica, 1997.

DERZI, Misabel Abreu Machado. *"Crimes contra a ordem Tributária, Normas Penais em Branco e Legalidade Rígida"*. Volume de apoio ao "Seminário sobre Crimes contra a Ordem Tributária". Realização: Repertório IOB de Jurisprudência, Coord. Valdir de Oliveira Rocha, São Paulo, 31 de março de 1995, p. 24, *apud* Heloísa Estellita Salomão.

DIAS, Carlos Alberto da Costa. *"Apropriação Indébita em Matéria Tributária"*, In Revista dos Tribunais, São Paulo: RT, n. 717, p. 341.

DINIZ, Maria Helena. *Lei de Introdução ao Código Civil Brasileiro Interpretada*. 2. ed., São Paulo: Saraiva, 1996.

——. *Curso de Direito Civil Brasileiro: Direito das Coisas*. 2. ed., São Paulo: Saraiva, 1983, 4 v.

DOBROWOLSKI, Sílvio. *"Novas considerações sobre o crime de omissão de recolhimento de tributos e contribuições"*, In: Revista de Informação Legislativa, Brasília: Senado Federal, n. 139, p.119.

——. *"Considerações sobre o crime de omissão de recolhimento de tributos e contribuições"*, In: Revista dos Tribunais, São Paulo: RT, n. 737, p.461.

EISELE, Andreas. *Crimes contra a Ordem Tributária*. São Paulo: Dialética, 1998.

ESPÍNOLA, Eduardo e ESPÍNOLA FILHO, Eduardo. *A Lei de Introdução ao Código Civil Brasileiro*. Rio de Janeiro: Renovar, 1995.

FARIA JÚNIOR, César de. *"Crime Previdenciário"*, In: Revista Brasileira de Ciências Criminais, São Paulo: RT, n. 11, p. 113.

FERNÁNDEZ, Miguel Bajo (Dir.). *Compendio de Derecho Penal: Parte Especial*. [s.l.]: Centro de Estudios Ramón Areces, [s.d.].

FIGUEIREDO, Ariovaldo Alves de. *Comentários ao Código Penal*. São Paulo: Saraiva, 1985, 1 v.

FRAGOSO, Heleno Cláudio. *Lições de Direito Penal: Parte Especial*. 3.ed., São Paulo: Bushatsky, 1977; v. 2.

——; SEQUEIRA, Lídia. *"A Cominação das Penas no Novo Código Penal"*, In: Revista de Direito Penal, São Paulo: RT, n. 17/18, [s. d.], p. 23.

Gomes, Luiz Flávio. *"A questão da Obrigatoriedade dos Tratados e Convenções no Brasil (particular enfoque da Convenção Americana sobre Direitos Humanos)"*, In: Revista dos Tribunais, São Paulo: RT, n. 710, p. 21.

JESUS, Damásio Evangelista de. *Direito Penal*. 5.ed., São Paulo: Saraiva, 1994, 4 v.

KIPPER, Celso. *"Breves Considerações sobre o Não-Recolhimento de Contribuições Previdenciárias Descontadas dos Empregados"*, In: AJURIS, Porto Alegre: AJURIS, n. 58, p. 323.

LEIRIA, Antônio José Fabrício. *Teoria e Aplicação da Lei Penal*. São Paulo: Saraiva, 1981.

LEITE, Celso Barroso. *A Proteção Social no Brasil*. 3.ed., São Paulo: LTr, 1986.

———. *Conceito de Seguridade Social*. 3.ed. In: Curso de Direito Previdenciário, Homenagem a Moacyr Velloso Cardoso de Oliveira. São Paulo: LTr, 1996.

LIMA, Ieda Maria Andrade. *"A extinção da Punibilidade e o Parcelamento do Tributo"*, In: Revista da Procuradoria-Geral da República, n. 7, pp. 112-5.

LOPES, Maurício Antônio Ribeiro. *Princípio da Insignificância no Direito Penal*. São Paulo: RT, 1997.

LUISI, Luiz. *Os Princípios Constitucionais Penais*. Porto Alegre: Sergio Antonio Fabris Editor, 1991.

MARQUES, José Frederico. *Tratado de Direito Penal*. 2. ed., São Paulo: Saraiva, 1966, 3 v.

———. *"As contribuições aos Institutos e o crime de apropriação indébita"*, In: Revista dos Tribunais, São Paulo: RT, n. 339, p. 74.

MARTINEZ, Rosário de Vicente. *Los Delitos contra La Seguridad Social en El Código Penal de la Democracia*. Madrid: Ibidem, 1996.

———. *Delitos contra La Seguridad Social*. Barcelona: Praxis, 1991.

MARTINEZ, Wladimir. *Comentários à Lei Básica da Previdência Social*. 3. ed., São Paulo: LTr, 1995.

MARTINS, Ives Gandra da Silva. *Da Sanção Tributária*. 2. ed., São Paulo: Saraiva, 1998.

MELLO, Celso Antônio Bandeira de. *O Conteúdo Jurídico do Princípio da Igualdade*. São Paulo: RT, 1978.

MELLO, Marcos Bernardes de. *Teoria do Fato Jurídico*. 4. ed., São Paulo: Saraiva, 1991.

MONTEIRO, Samuel. *Dos Crimes Fazendários*. São Paulo: Hemus, 1998, Tomo I.

MOURULLO, Gonzalo Rodriguez (Dir.). *Comentários al Codigo Penal*. Madrid: Civitas, 1997.

NORONHA, Edgard Magalhães. *Direito Penal*. 12. ed., São Paulo: Saraiva, 1975, 1 v.

OLIVARES, Gonzalo Quintero (Dir.). *Comentarios a la Parte Especial del Derecho Penal*. [s.l.]: Aranzadi, [s.d.].

OLIVEIRA, Antônio Cláudio Mariz de; CAMPOS, Dejalma de (Coord). *Direito Penal Tributário Contemporâneo: Estudos de Especialistas.* São Paulo: Atlas, 1996.

OLIVEIRA, Jaime A. de Araújo; TEIXEIRA, Sonia M. Fleury. *(Im)Previdência Social: 60 Anos de História da Previdência no Brasil.* Petrópolis: Vozes, 1986.

PEDRAZZI, Cesare; COSTA JÚNIOR, Paulo José. *Direito Penal Societário.* 2. ed., São Paulo: Malheiros, 1996.

PIMENTEL, Manoel Pedro. *"Apropriação Indébita por Mera Semelhança"*, In: Revista dos Tribunais, São Paulo: RT, n. 451, p. 321.

———. *"Introdução ao Estudo do Direito Penal Tributário"*, In: Ciência Penal, São Paulo: José Bushatsky, n. 2, p. 37-59, 1974.

———. apud Alécio Adão Lovatto, *"Dos Crimes contra a Ordem Tributária ou Sonegação Fiscal"*, In: Revista do Ministério Público do Rio Grande do Sul, Porto Alegre, n. 28, [s.d.], p. 37.

PRUDENTE, Antônio Souza. *"Processo Legislativo"*, In: Cartilha Jurídica nº 14, TRF da 1ª Região, jan/93, p. 17.

REALE JÚNIOR, Miguel. *Teoria do Delito.* São Paulo: RT, 1998.

———. *"Não há Apropriação Indébita por Assemelhação"*, In: Revista dos Tribunais, São Paulo: RT, n. 752, p. 476.

RIO GRANDE DO SUL. Assembléia Legislativa. *"Seminário Reforma do Código Penal"*, Porto Alegre, 22/05 a 09/06 de 1998.

RIOS, Rodrigo Sánchez. *O Crime Fiscal.* Porto Alegre: Sergio Antonio Fabris Editor, 1998

ROCHA, João Luiz Coelho da. *"A Lei 8.137 e a Prisão por Débito Tributário"*, In: Revista de Direito Mercantil, n. 87, p. 88.

ROSA, Antônio José Miguel Feu. *Direito Penal: Parte Geral.* São Paulo: RT, 1993.

ROSA, Fábio Bittencourt da. *"Crimes e Seguridade Social"*, In: Revista de Informação Legislativa, Brasília: Senado Federal, n. 130, p. 245.

———. *"Medida Provisória nº 1571-6/97, Art. 7º, § 6º"*, In: Revista de Informação Legislativa, Brasília: Senado Federal, n. 35, p. 161.

SALOMÃO, Heloisa Estellita. *"O Crime do Não-Recolhimento de Contribuições Previdenciárias"*, In: Revista da Procuradoria Geral do INSS, n. 3, p. 34.

SANGUINÉ, Odone. *"Observações Sobre o Princípio da Insignificância"*, In: Fascículos de Ciências Penais, Porto Alegre, Fabris, v.3, n. 1, jan.-mar./1990.

SARTI, Amir José Finocchiaro. *"A Apropriação Indébita nos Impostos"*, In: Revista da Procuradoria-Geral da República, n. 3, p. 11.

SILVA, De Plácido e. *Vocabulário Jurídico.* 15. ed. Rio de Janeiro: Forense, 1998.

SILVA, Jorge Medeiros da. *Direito Penal Especial.* São Paulo: RT, 1981.

SILVA, Juary C. *Elementos de Direito Penal Tributário*. São Paulo: Saraiva, 1998.

SZNICK, Valdir. *Delito Habitual*. 3. ed., Rio de Janeiro: Forense, 1987.

TAVARES, Juarez. "*Critérios de Seleção de Crimes e Cominação de Penas*", In: Revista Brasileira de Ciências Criminais, São Paulo: RT, dez/92, p. 75-87.

TOLEDO, Francisco de Assis. *Princípios Básicos de Direito Penal*. 3. ed., São Paulo: Saraiva, 1987.

ZAFFARONI, Eugenio Raúl. *Manual de Direito Penal Brasileiro, Parte Geral*. São Paulo: RT, 1997.

——; Pierangelli, José Henrique. *Da Tentativa: Doutrina e Jurisprudência*. 3. ed., São Paulo: RT, 1992.

livraria DO ADVOGADO editora

O maior acervo de livros jurídicos nacionais e importados

Rua Riachuelo 1338
Fone/fax: **0800-51-7522**
90010-273 Porto Alegre RS
E-mail: info@doadvogado.com.br
Internet: www.doadvogado.com.br

Entre para o nosso mailing-list

e mantenha-se atualizado com as novidades editoriais na área jurídica

Remetendo o cupom abaixo pelo correio ou fax, periódicamente lhe será enviado gratuitamente material de divulgação das publicações jurídicas mais recentes.

✓ Sim, quero receber, sem ônus, material promocional das NOVIDADES E REEDIÇÕES na área jurídica.

Nome: _____

End.: _____

CEP: _____-_____ Cidade _____ UF:____

Fone/Fax: _____ Ramo do Direito em que atua: _____

Para receber pela
Internet, informe seu **E-mail**: _____

132-3

_____
assinatura

Visite nossa livraria virtual na internet

www.doadvogado.com.br

ou ligue grátis
0800-51-7522

DR-RS
Centro de Triagem
ISR 247/81

CARTÃO RESPOSTA
NÃO É NECESSÁRIO SELAR

O SELO SERÁ PAGO POR

LIVRARIA DO ADVOGADO LTDA.

90012-999   Porto Alegre   RS